El Milagro de la Dinamica de la Mente

Dr. Joseph Murphy

© Dr. Joseph Murphy
© BN Publishing

Fax: 1 (815)6428329
Contacto: info@bnpublishing.net

www.bnpublishing.net

Traducción: B.N.
Diseño Portada: J.N.

www.bnpublishing.net

CONTENIDO

PREFACIO

Este libro es el resultado de más de cuarenta años de explorar el campo de las leyes mentales y espirituales.

He escrito este libro con el fin de que estas leyes y su comprensión se encuentren al alcance de las mayorías.

He incluido detalles específicos e ilustraciones de métodos y técnicas con el propósito de facilitar al máximo la aplicación de estos principios mentales y espirituales para que usted empiece a obtener resultados.

He impartido clases sobre el contenido de este libro a personas de casi todos los países del mundo: A través de programas de radio y televisión, en discursos públicos, en conferencias en aulas en Norteamérica, Europa, Sudáfrica, India, Australia, Israel, etc. Miles de personas me han informado por medio de conversaciones sociales, asesoramientos personales, correspondencia, y vías telefónicas sobre los resultados milagrosos que se han manifestado en sus vidas al aplicar estas verdades eternas las cuales se exponen claramente en cada capítulo de este libro.

Estas personas han descubierto:

—La curación de enfermedades llamadas incurables

—La libertad total de culpabilidad

—La prosperidad y el éxito en los negocios cuando antes se percibían obstáculos e impedimentos

—Cómo gozar de buena salud y mantenerse siempre sano cuando antes había enfermedades

—Cómo aprovechar la fuente de buena fortuna cuando antes no se podían solventar los gastos

—La Paz mental donde antes había discordia y confusión
—La realización de deseos cuando antes había frustración
—La felicidad marital cuando antes tenían odio y resentimiento y existía la amenaza del divorcio
—La Armonía en hogares y oficinas donde antes había discordia y discusiones.

Las personas que han utilizado las leyes mentales y espirituales delineadas en este libro y que han sacado provecho, según mi entender personal, pertenecen a todas las denominaciones religiosas; algunos se llamaban a sí mismos agnósticos, y otros eran llamados ateos. Además, provenían de todas las esferas sociales y de todos los niveles económicos. Son estrellas de películas, escritores, doctores, dentistas, farmacéuticos, jefes de corporaciones, profesores universitarios, científicos de proyectiles, ingenieros, conductores de automóviles de alquiler, amas de casa, secretarias, jardineros, sirvientes y choferes.

Estas personas descubrieron que su destino se encuentra en su propias manos porque, como usted aprenderá en este libro, es imposible pensar una cosa y producir otra, y por medio de pensamientos correctos, desde el punto de vista de la ley universal de la armonía, el resultado es una productiva vida feliz. Con este método usted comprenderá que su pensamiento es la llave de la vida, puesto que según piensa el hombre en su corazón, así es él.

Estas personas han descubierto cómo aplicar las leyes de la vida, las cuales han eliminado la adivinación en su vida de oraciones. Han aprendido, en forma científica, cómo atraer a sus vidas, salud, riqueza, amor y belleza, al aprender cómo sincronizar sus mentes subconsciente y consciente.

Si usted estudia las leyes de la vida que se exponen en este libro y las aplica, puede adquirir poder para que su vida sea sana, dichosa y útil, además puede tener un éxito extraordinario.

Este libro se ha escrito en forma sencilla y con dramática claridad; muestra cómo puede lograr el poder personal que supera el temor, hace desaparecer la preocupación y la ansiedad y facilita el camino para llevar una vida mejor, feliz, rica y magnífica. De esta página en adelante, emprenderemos juntos una aventura que nos guiará hacia el premio más grandioso: "Una Vida Triunfante".

COMO GOZAR DE BUENA SALUD Y MANTENERSE SIEMPRE SANO

1

"He venido para que ellos puedan tener vida, y para que la tengan en forma más abundante".

VIDA TRIUNFANTE

Usted puede gozar de buena salud y mantenerse sano y por lo tanto, conducir y controlar su vida para que pueda vivir con un sentido maravilloso y victorioso de salud y vitalidad.

Los hombres y mujeres están despertando, en forma gradual, al hecho de que su estado físico es determinado, en gran parte, por sus emociones. Su vida emocional está regulada por la forma como usted piensa todo el día.

El año pasado, durante una visita a las islas Bermudas, conocí a un hombre, en el vestíbulo del hotel, quien me dijo que tenía más de noventa años de edad. Lo encontré indómito, lleno de energía vital, gozo y entusiasmo; su cara resplandecía de felicidad y alegría. Le pregunté cómo se podía sentir tan vital, alerta y vigoroso si tenía más de noventa años de edad.

El contestó: "Es muy sencillo, simplemente no me preocupo ni me presiono; estoy lleno de buena voluntad hacia todos los hombres, no guardo rencor, me he perdonado a mí mismo y también a los demás; vivo en Dios y Dios vive en mí. Durante quince minutos todas las mañanas, cuando me levanto, afirmo que Dios derrama Su energía, poder, fuerza, dicha, amor y belleza en todas las células

19

de mi cuerpo y de esta manera rejuvenece y restaura todo mi ser. Me entrego a El y el Poder Todopedoroso corre por mis venas y por toda mi alma"

Este hombre nunca ha estado enfermo en su vida. No lleva dieta especial alguna y comía todo lo que le servían en el hotel. Comentó que cuando un hombre toma sus alimentos con alegría y agradecimiento, la Inteligencia Creativa que se encuentra en su interior transmuta los alimentos en energía vital y belleza de la piel.

La discusión de este hombre me hizo recordar un pasaje de la Biblia: *"Aquellos que esperan al Señor, renovarán su fuerza; se elevarán con alas como las águilas; correrán y no se cansarán; y caminarán y no desmayarán"*.

La palabra "espera" significa tranquilizar las ruedas de su mente, relajarse, calmarse y ponerse en armonía con Dios. Sincronice su mente con el río de Dios de paz, vida y amor y muévase con el ritmo de lo divino.

EN ARMONIA CON EL INFINITO

Una forma sencilla de estar en armonía con Dios es meditar lenta, silenciosa, y amorosamente sobre los Salmos 23, 27 ó 91, y absorber las verdades que ahí se encuentran. Entonces, usted estará en armonía con la Fuerza Creativa del universo.

Si usted quiere gozar de buena salud y mantenerse sano, le recomiendo que se interese, en forma total, por las grandes verdades eternas de Dios, las cuales siempre han existido. Debe tener gran interés en la Vida, Dios, la Naturaleza; emprenda con dedicación algún proyecto que valga la pena y que pueda ser de provecho y bendiga a la humanidad. Entréguese mental y emocionalmente al proyecto, trabaje en éste, comprenda que es bueno, y se encontrará lleno de energía vital y entusiasmo.

COMO TRIUNFO SOBRE EL ABURRIMIENTO

Conocí a una mujer de aproximadamente 50 años de edad, hablando en forma cronológica. Se encontraba aburrida, agotada, cansada y era sarcástica; el único interés que la absorbía era su persona. Hablaba acerca de sus dolores, aflicciones y conflictos en forma constante. Le indiqué que debía tomarse una vacación de ella misma, pues se estaba acabando y tenía los nervios crispados y sufría de insomnio. Además, se estaba desintegrando con rapidez: su mente se deterioraba, en realidad, se estaba secando en vida.

Por recomendaciones mías, empezó a estudiar floricultura; también exploró su talento latente por la música. Tomó clases de piano con un maravilloso instructor que la alentó. La belleza de las flores la absorbió por completo y volvió a arreglar su jardín. Como resultado de su nuevo interés fue invitada a pronunciar un discurso sobre arreglos florales y a dar conciertos a los invitados de su esposo. Ella obtiene mucha emoción y alegría al liberar este esplendor aprisionado. Aprendió que, cuando la mente está inquieta, una técnica maravillosa para curarse es absorberse y enfrascarse en la naturaleza donde predominan la belleza, el orden, la simpatía, la simetría, el ritmo y la proporción.

Por ejemplo, en muchos hospitales en Inglaterra y en otros lugares tienen la costumbre de ocupar a los pacientes, mentalmente enfermos, en la elaboración de juguetes, bolsas, sillas, en cuidar jardines y en sembrar flores. Por medio de diversos trabajos manuales, la mente de estos pacientes recupera, de nuevo, un saludable estado normal.

EL SECRETO DE LA CURACION

Durante una visita a San Francisco, hace algunos meses, visité a un amigo en un hospital; padecía de una infección en el riñón y también de insuficiencia cardiaca. Manifestó: "No estaré en este lugar durante mucho tiempo. Me veo, constantemente, de nuevo en mi escritorio en la oficina y en mi hogar rodeado de mis seres queridos. Realizo en mi mente todo lo que haría si estuviera sano por completo. Es mi derecho divino gozar de buena salud y mi visión siempre se encuentra en la buena salud. Tengo un deseo intenso de gozar de buena salud, y sanaré".

Este hombre permaneció sólo diez días en el hospital, aunque le indicaron que su estancia sería de aproximadamente seis semanas. Su médico aseveró que se encontraba en perfectas condiciones y señaló: "Usted tenía un deseo intenso de aliviarse y la Naturaleza respondió". Si usted desea gozar de buena salud con todo su corazón y con toda su alma, entonces gozará de buena salud y siempre se conservará sano.

EL DESCUBRIMIENTO DEL AMOR QUE MOTIVA

Este doctor me habló acerca de un paciente que se encontraba en otro cuarto quien debía curarse en forma definitiva, sin embargo, no quería "luchar". Aparentemente, su esposa lo había abandonado. Después empezó a beber, fracasó en los negocios y perdió todo su dinero. El doctor comentó que ahora, dicho paciente había aceptado su enfermedad como decisiva y quería morir.

En una conversación que tuve con este hombre descubrí que su esposa anterior había muerto y que de ese matrimonio tenía un hijo de diez años de edad a quien adoraba. Le señalé que le debía a su hijo una educación maravillosa, compañerismo, y amor, y que si en realidad lo amaba tenía que vivir para él. Le indiqué que todos los muchachos necesitan un padre y tienden a identificarse con las cualidades y características de éste. Aproveché la realidad del amor que sentía por su hijo y el deber que tenía hacia él; noté que un nuevo brote de vida surgió de su interior, además de un deseo de vivir. Los informes subsecuentes mostraron que se curó con rapidez debido a que deseaba, con toda sinceridad, realizar ahora las cosas que le interesaban, es decir, constituir un nuevo hogar para él y para su hijo y liberar sus talentos escondidos para el bien de la humanidad.

SE PREGUNTABA POR QUE NO SE CURABA

Hace poco tiempo, hablé con un hombre que padecía

de úlcera en el estómago, quien manifestó: "Nunca pensé en úlcera; ¿por qué la tengo?"

Es verdad que él no pensó en úlceras, sin embargo, tenía pensamientos ulcerosos durante largos lapsos, como preocupaciones, resentimientos, odios y hostilidades. La Biblia dice: *"Según piensa el hombre en su corazón, así es él"*. La mente subconsciente controla todas las funciones de su cuerpo y está activa las veinticuatro horas del día. Nunca descansa; gobierna todas las funciones vitales del cuerpo; los pensamientos, sentimientos y creencias enterradas en el subconsciente representan "pensamientos subconscientes" o "pensamientos del corazón".

Este hombre era amable, afable, amistoso y parecía tener buen carácter, desde el punto de vista superficial o externo, sin embargo, en su interior, en las capas más profundas de su mente había una caldera hirviente, llena de hostilidad e ira reprimidas. Este estado le causó la úlcera acompañada por dolores intensos.

Y, no obstante, este mismo hombre usaba afirmaciones frecuentes, como: "Yo soy el hijo perfecto de Dios; soy uno con Dios y por lo tanto, soy perfecto", etc. El se preguntaba por qué no se curaba. Le expliqué la razón por la cual pensamientos negativos y destructivos durante largos períodos habían dado como resultado este estado de enfermedad. Puesto que es cierto que el Espíritu que se encuentra en su interior es completo, perfecto y libre y todos sus órganos son ideas de Dios, las cuales son perfectas en la mente de Dios, él no podía curarse mientras estuviera lleno de resentimiento y hostilidad. Además creía que su enfermedad era independiente de su mente, y que las úlceras eran a causa de una mala dieta y que con toda probabilidad serían fatales. Con esta actitud mental, sus afirmaciones no podía tener valor alguno, y la sola afirmación: "yo soy el hijo perfecto de Dios" no daría resultado.

El momento en que usted les da poder a los gérmenes, a las causas externas, o piensa que el cáncer tiene una inteligencia y un poder propios que lo pueden destruir, sus afirmaciones de perfección, integridad y vitalidad Divinas serán infructuosas.

No tiene caso decir: "Dios me está curando ahora", si usted cree en su interior que el cáncer lo puede matar. Debe eliminar el temor a todos los estados manifestados; las úlceras, el cáncer, la artritis, etc., son estados externos que se manifiestan, y son el resultado del pensamiento consciente o inconsciente. Estas enfermedades no poseen inteligencia ni poder para lastimarlo o destruirlo; únicamente son productos de pensamientos destructivos. Si razona de esta manera, usted puede eliminar su temor y seguirá la confianza y la fe en el poder curativo de Dios. Conforme usted cambia su manera de pensar, cambia su cuerpo, porque su cuerpo es la mente condensada.

EL CANCER DESAPARECIO CON RAPIDEZ

Recientemente, recibí de un miembro de nuestra organización una carta en la que escribió:

"El diagnóstico de mi caso fue cáncer de la piel. Me dije a mí mismo: 'No le temo al cáncer; comprendo que no tiene poder; me doy cuenta que es un producto de un pensamiento falso y no tendrá poder para seguir existiendo. La aparición en mi piel es su fin. En este momento alabo a Dios que se encuentra en mi interior, y sé que mis pensamientos de salud, belleza y perfección deben manifestarse en el lugar donde se encuentra el problema'. Mantuve esta actitud y el cáncer desapareció con rapidez; sólo me sometí a dos tratamientos en el hospital aunque tenía programada una terapia mucho más prolongada".

Este hombre tenía el enfoque correcto; erradicó de su mente, por completo, el temor al cáncer y luego afirmó su salud y su perfección. Además, imaginó a su médico que afirmaba: "Usted está totalmente curado". La imagen que él tenía en su mente se hundió en su mente subconsciente, y todo lo que se imprime en esta última es lo que se realiza.

EL TRIUNFO DEL FUTBOLISTA LISIADO

Un futbolista comentó en una ocasión: "Estuve lisiado durante tres meses, en cama en el hospital. Todo el tiempo que me encontré en ese lugar, me imaginé a mí mismo en el campo de foot-ball jugando; viví la escena y sentí en mi corazón que mi estancia en el hospital era sólo temporal".

Se recuperó en forma extraordinaria; la clave de esta salud y recuperación perfectas radica en que mientras él estaba incapacitado, siempre se imaginó a sí mismo gozando de perfecto funcionamiento, tanto de su mente como de su cuerpo, en el juego de la vida. Si se hubiera dicho a sí mismo: "Estoy lisiado, no existe curación alguna, no tengo esperanzas", aún estaría en el hospital. Cuando parece razonable y lógico que usted esté sano, se cure y se conserve en buen estado de salud, usted se curará. Puede utilizar una muleta durante algunas semanas, pero esté consciente en su corazón y en su mente de que volverá a caminar.

LA EXTRAORDINARIA CURACION DE UNA VICTIMA DE POLIO

Conocí a un hombre en la Universidad Hebrea en Israel hace algunos años, quien me informó que cuando tenía aproximadamente ocho años de edad sufrió de poliomielitis y que su padre le había indicado que estaría paralizado toda la vida. En otras palabras, su padre y su madre habían aceptado la derrota y afirmaban que su estado no tenía curación ni esperanza.

Sin embargo, un día, un joven doctor norteamericano, amigo de su padre, visitó su hogar y señaló: "Hijo, tú puedes caminar nuevamente, estás joven y el mundo está ante tí".

El doctor se volvió hacia el padre y sugirió: "Permita que su hijo se dirija a la mesa a comer esforzándose en sus manos y rodillas; deje que vaya gateando hacia la cama". El doctor le recomendó al padre que le comprara una bicicleta al muchacho y que lo forzara, de la mejor manera posible, a utilizar sus piernas. El padre compró la bicicleta, y diariamente durante horas enteras, el padre ejercitaba a su hijo, alentándolo, y ayudándolo a manipular los músculos inservibles de sus piernas. Después de algunos meses, el muchacho empezó a tener cierto funcionamiento en su pierna derecha, el cual se extendió a la izquierda. Transcurridos seis meses, podía montar en la bicicleta por sí mismo; indicó que ésta fue la mayor emoción de su vida.

Este hombre era la imagen de salud física y mental; aprecia mucho el lado espiritual de la vida. Señaló: "El Dios que creó mis piernas y mis brazos los curó; el Espíritu que se encuentra en mi interior controla mi cuerpo y es la única Presencia de Curación".

Para él, Dios fue la Vida, la Mente y el Espíritu Universal que animaba todo su ser. En realidad, su cuerpo se está reconstruyendo cada segundo, y de esta manera, se convierte en solidificación de su pensamiento.

Su cirujano puede extirpar el obstáculo, como la úlcera, un crecimiento anormal que fue causado por pensamientos negativos, sin embargo, a menos que usted cambie su forma de pensar no habrá curación permanente.

RECOJA SU CAMA Y CAMINE EN FORMA TRIUNFANTE

Todas las cualidades y poderes de Dios se encuentran en su interior. Levántese, recoja su cama y camine, significa recoger la verdad de Dios y caminar con libertad en la luz y la gloria de Dios. Camine, como lo hizo la víctima de polio, con una nueva visión, un nuevo lugar en su mente; su cuerpo seguirá su visión mental o su imagen; usted se dirige hacia donde se encuentra su visión. Cuando su fe sostiene la visión y la repite en forma intensa, ésta será exteriorizada en la pantalla del espacio. Usted debe vigilar constantemente los patrones que son presentados a su mente consciente; si es negligente, descuidado, perezoso y apático, usted permitirá que los pensamientos e imágenes de la mente de la raza se introduzcan en su mente y ésta se contaminará con las imágenes malsanas y distorsionadas de la mente colectiva del mundo.

La mente de la raza cree que las limitaciones, desastres, desgracias, accidentes, muertes y enfermedades son independientes de la mente del hombre. Por lo tanto, necesita orar para tener una comunión regular con Dios y para llenar su mente con las realidades y verdades eternas de Dios, las cuales nunca cambian. Por consiguiente, las contraconvicciones se establecen en oposición a todas las creencias falsas de la mente de la raza.

Usted es un hijo de Dios y, algún día, está destinado a ser lo que Dios intentó que fuera, un hombre feliz, dichoso, pacífico, quien, como dice Pablo, entra en la libertad gloriosa de los hijos de Dios. Todo el poder y toda la sabiduría de Dios se encuentran en usted, los que le permiten elevarse sobre todos los problemas y lo dotan de dominio total sobre su propia vida. Su vida es la vida de Dios y su mente es la mente de Dios. Esta es la razón por la cual usted es eterno y vivirá perpetuamente. Usted, junto con todos los hombres, despertará algún día a la gloria trascendental de su Ser de Dios, y se verá a sí mismo como Dios lo ve ahora, un hombre perfecto.

Envuélvase mentalmente con majestuosidad y poderío y comprenda su unidad con Dios. Imagine su salud, felicidad y libertad; camine en la luz de Dios y esté consciente de que El es una lámpara en sus pies en todo momento. Conviértase en un conducto abierto a través del cual Dios hace sonar estas verdades en las cuerdas de su corazón. *"Hijo, tú siempre estás conmigo y todas mis cosas son tuyas"* (San Lucas 15:31).

REPASO DE LOS PUNTOS IMPORTANTES

1. Usted puede llevar una vida triunfante si abre su mente y su corazón, con frecuencia al fluir del poder, dicha, fuerza y sabiduría de Dios.
2. Para gozar de buena salud y mantenerse sano, entréguese, tanto mental como emocionalmente, a su proyecto, trabaje en éste, y usted se encontrará

lleno de energía y de vitalidad.

3. Usted puede triunfar sobre el aburrimiento si libera su potencialidad interna y se absorbe e interesa intensamente en las verdades de Dios, además de contribuir con la sociedad y compartir sus talentos, amor y amistad con otros.

4. Cuando desee, intensamente, gozar de buena salud y mantenerse sano, usted tendrá salud.

5. Cuando una persona no desee vivir, descúbrale el amor que lo motiva, que lo aproveche y usted le proporcionará un nuevo deseo de vivir.

6. Usted no tiene que pensar en las úlceras para padecer de éstas; usted puede tener pensamientos ulcerosos como preocupaciones, resentimientos, odios y hostilidades.

7. Para poder curar una enfermedad, debe eliminar de su mente todo el temor y comprender que ésta es el resultado de pensamientos falsos; conforme usted cambia su manera de pensar, usted cambia su cuerpo.

8. La clave para una rápida recuperación de la enfermedad es comprender que ésta es temporal; luego imagínese a sí mismo en forma vívida de regreso en su trabajo acostumbrado.

9. Aunque esté paralizado debe estar consciente de que la Inteligencia Infinita que creó su cuerpo lo puede sanar; luego persevere mental y físicamente y el milagro se realizará.

10. Su cuerpo seguirá a su visión mental; usted se dirige hacia donde se encuentra su visión.

APROVECHE LA FUENTE DE LA BUENA FORTUNA

2

Emerson dijo: "Todos los hombres con éxito confían en la interrelación de la causa y el efecto". Tenían la creencia de que todo sucedía por ley y no por suerte y que no había un enlace cuarteado o débil en la cadena que une las primeras cosas con las últimas, la causa y el efecto. Los hombres superficiales confían en la suerte; los hombres sabios y fuertes creen en la causa y el efecto.

LA GRAN LEY DE LA VIDA

La ley de la vida es la ley de la creencia. Cualquier cosa que usted acepte mentalmente y sienta que es verdad, acontecerá. Aprenda a creer en el funcionamiento de su mente subconsciente y comprenda que lo que usted imprima en su subconsciente será expresado, en forma subsecuente, en su experiencia. La manera en que piensa, en realidad, y siente en el fondo de su corazón gobierna todas las fases de su vida.

Crea en la buena fortuna y la tendrá. Yo opino que la palabra "suerte" debe cambiarse por "resolución". El hombre que cree que la suerte controla su destino siempre está esperando que algo suceda; permanece en su cama con la idea de que el cartero aparecerá con noticias de que recibirá una herencia o de que ganó las carreras de caballos. El otro hombre moldea, diseña y forma su futuro por medio de su actitud mental. Está consciente de que nace para tener éxito y que está equipado para ser un ganador, y con una pluma activa o con un martillo eficiente coloca las bases de su competencia.

Es industrioso, entusiasta y diligente en su trabajo y silba mientras lo lleva a cabo. El hombre que piensa acerca de la suerte, por lo regular, gime, gimotea, y se queja. La suerte confía en la casualidad; los hombres que tienen éxito confían en el carácter, puesto que el carácter es el destino.

MANTENGASE ALERTA Y ACTIVO

Mark Twain manifestó: "La fortuna toca a la puerta de todos los hombres, sin embargo, en muchos casos, el hombre se encuentra en la cantina del vecindario, y no la escucha". El hombre debe ser activo y estar alerta y sobre todo estar sobre aviso; debe sacar provecho de todas oportunidades que se encuentran a su alrededor; y no esperar recompensas por su indolencia, apatía o pereza.

LA CAUSA Y EL EFECTO SON UNO

El aforismo: *"Según piensa el hombre en su corazón, así es él"*, expone e ilustra todas las experiencias y condiciones de su vida. El hombre es lo que piensa durante todo el día y su carácter es la totalidad de sus pensamientos. La causa y el efecto son tan absolutos y rectos en el reino escondido del pensamiento como en el mundo de cosas visibles y materiales. La dicha del hombre y su sufrimiento son reflexiones de sus pensamientos habituales. De esta manera, el hombre almacena las experiencias dulces y amargas en su vida.

Con el objeto de experimentar la buena suerte o la buena fortuna comprenda que usted es el amo de sus pensamientos, emociones y reacciones en la vida; usted elabora y forma sus condiciones, experiencias y eventos. Cada pensamiento que sienta como verdad, o que permite que su mente consciente acepte como verdad echa raíces en su mente subconsciente, y tarde o temprano brota en un acto y produce su propio fruto de oportunidad y expe-

30

riencia. Los buenos pensamientos dan como resultado fruto bueno; los malos pensamientos, fruto malo.

No es un destino cruel lo que envía al hombre a la cárcel o a un hospicio, sin embargo, es la vereda de los pensamientos viciosos, destructivos o criminales, los cuales él fomenta, en secreto, en su corazón. Cuando éstos llegan al punto de saturación en su mente subconsciente, serán precipitados hacia experiencias externas modelados a la imagen y semejanza de sus pensamientos negativos.

EL MANIFESTO QUE LA MALA SUERTE LO PERSEGUIA

Conozco a un joven brillante, graduado de una de las principales universidades, quien manifestó que una racha de "mala suerte" lo perseguía; había perdido cuatro empleos sucesivamente. Al conversar con este joven, descubrí que una de las razones radicaba en el hecho de que no podía llevarse bien con otros empleados. El esquivaba su trabajo y consideraba que se justificaba al tratar de engañar a su jefe, tomando como base que sus talentos no eran reconocidos en su totalidad.

En realidad, este hombre se estaba separando de cada organización debida a su actitud resentida y crítica, y decia que cada jefe era frío, insensible e indiferente y se refería a cada organización como una "corporación sin alma".

Este hombre aprendió a exudar amor, buena voluntad y dicha hacia sus compañeros de trabajo y hacia sus superiores. Empezó a cooperar con sus compañeros y a pensar bien, sentirse bien, y actuar bien. Su mundo está cambiando; ahora él comprende que es el artífice de su propia fortuna.

POR QUE SUFREN LOS LLAMADOS BUENOS

Recibí una carta, hace algún tiempo, de una mujer quien me preguntó: "¿Por qué algunos hombres honestos y buenos sufren tanto, mientras que los hombres malvados prosperan como el laurel verde?" No comprendo, con exactitud, el significado que le dio a "bueno"; tal vez ella quiso

31

decir, desde el punto de vista superficial, que estos hombres asistían a la iglesia, eran honestos en transacciones comerciales, amables con sus vecinos, eran caritativos, eran buenos con sus esposas y sus familias, y practicaban los rituales y ceremonias de sus iglesias.

Quizás, por "hombres malvados" se refería a los que no son religiosos, no están afiliados a ninguna iglesia, engañan y roban, se emborrachan y niegan a Dios o a cualquier Poder Superior. Si es así, su forma de pensar es muy superficial.

Los hombres malvados acaso creen en el éxito, la prosperidad y la buena salud, y les acontece según creen; la Ley no respeta a las personas. El sol brilla por igual en los justos y en los injustos y la Ley no tiene moral. Si un asesino sabe nadar, el agua lo sostendrá de igual manera como sostiene a un santo; un degollador puede respirar el aire tan bien como una persona iluminada espiritualmente. El llamado hombre honesto y bueno puede albergar, en secreto, pensamientos dañinos, viciosos y odiosos y él atraerá hacia sí los sufrimientos que produce su pensamiento destructivo. Usted no observa los temores, rencores, resentimientos, odios y celos ocultos del otro, sin embargo, usted está propenso a juzgar por las apariencias externas.

Lo que importa de un hombre es el movimiento interno de su corazón y no lo que éste realiza externamente por exhibición y para recibir recompensa de los hombres. Lo que tiene significado es lo que piensa, siente y cree en el fondo de su corazón, no lo que aparenta creer. En consecuencia, un hombre podrá observar todos los dogmas y reglas y reglamentos de su iglesia; podrá asistir a las ceremonias y rituales, y obsequiar dulces a los niños y dinero a los ciegos; podrá visitar a los enfermos, todo lo cual es considerado "bueno", desde el punto de vista externo, pero no desde el punto de vista de Dios y Su Ley, la cual es: *"Según piensa el hombre en su corazón, así es él"*.

EL TRABAJO DURO NO ES LA RESPUESTA PARA ADQUIRIR RIQUEZAS Y EXITO

Un hombre podrá trabajar muy duro durante catorce o dieciseis horas diarias, sin embargo, si él teme, fracasará o si tiene un complejo de culpabilidad y siente que debe ser castigado, le acontecerá como él cree. La ley de la vida es la ley de la fe. Un hombre podrá ser totalmente honesto en ciertas cuestiones, desde un punto de vista mundano, y en realidad, negar la Presencia de Dios, sin embargo, no existe una ley que estipule que él no puede adquirir riqueza, siempre y cuando, crea que tendrá éxito y que será rico. Entonces, de acuerdo con su fe, así le acontece. El hombre deshonesto o malvado almacena sus propios sufrimientos y los resultados de sus pensamientos al igual que el hombre honesto y el llamado bueno. *"La Gran Ley es absolutamente justa y no puede dar bueno por malo o malo por bueno"*. Toda la maldad se destruye a sí misma al final.

NO SE PREOCUPE POR LOS MALVADOS

"Los molinos de los dioses giran lentamente, pero muelen muy bien". *"Mía es la venganza, yo pagaré, dice el Señor"*. Recuerde que su mente suconsciente, la cual es llamada "Ley" en la Biblia, es como una grabación que reproduce cualquier cosa que se imprime en ésta. Por esta razón, se le indica que no debe temerles a los malvados o a los perversos; la mente subconsciente de estas personas reacciona en forma negativa o positiva de acuerdo al uso que le den a ésta. El punto es: Utilice su propia mente de manera constructiva y armoniosa, y no se preocupe por los demás, sólo debe desearles el bien.

ELEVE SUS VISIONES

Sueñe en forma soberbia, adquiera ideales y comprenda y esté consciente de que usted se dirige donde se encuentra su visión. Aprecie la visión de lo que quiere ser, y deje de gemir, quejarse y gimotear sobre la mala suerte o la buena suerte. Alimente este ideal suyo, sienta la música que brota en su corazón y contemple la belleza indescriptible de Dios y la Naturaleza y la hermosura que envuelve sus pensamientos más puros, puesto que de estas ocupaciones frecuentes de su mente surgirán circunstancias y experiencias deliciosas. Su visión es una promesa definitiva de lo que usted será algún día; su ideal es la profecía de lo que acabará por descubrir.

El roble duerme en la bellota, el abeto gigante descansa en su pequeña semilla, el pájaro espera en el huevo; y Dios espera Su desenvolvimiento en el hombre. Usted siempre gravitará hacia lo que usted más ama en secreto. Encontrará en la vida la reproducción exacta de sus propios pensamientos. Las casualidades, coincidencias o accidentes no existen en un mundo gobernado por la ley y el Orden Divino. Usted se elevará hasta donde se encuentra su aspiración dominante, y descenderá al nivel del concepto más bajo que tenga de sí mismo.

USTED FORJA SU PROPIO DESTINO

El hombre que no piensa en forma constructiva, armoniosa y pacífica, y es indolente y perezoso, y sólo observa lo superficial de las cosas, hablará de la suerte, fortuna y casualidad. Por esta razón usted escucha a los hombres exclamar: "¡Qué suerte tiene! ¡Qué afortunado es!"

Usted podrá observar a una bella patinadora muy hábil que ha alcanzado la cumbre y comentará: "Oh, ella tuvo todas las oportunidades". Sin embargo, usted debe estar consciente de que anteriormente pasó por pruebas, fracasos, caídas y daños, además de los sacrificios que hizo, o de las largas y arduas horas de práctica y entrenamiento a las que tuvo que someterse con el objeto de poder lograr su meta y en consecuencia emocionar a la gente. Existen muchas personas que no comprenden el proceso, sino que sólo perciben los resultados y los llaman "casualidad".

COMO CREAR BUENA SUERTE PARA USTED MISMO

Por este medio expongo un ejemplo de la llamada "buena suerte".

Una joven me consultó sobre un problema. Durante el curso de nuestra conversación, comentó que buscaba un puesto como secretaria de un ministro que tuviera fe en la Ciencia de la Mente.

Ese mismo día la contraté como mi secretaria privada. Ella exclamó: "¡Este es mi día de suerte!" Esto fue un funcionamiento de la Ley. Ella acostumbraba orar de la siguiente manera: "La Inteligencia Infinita sabe cuáles son mis talentos y me revela el lugar ideal donde yo puedo expresar mis habilidades y recibir una remuneración maravillosa". Su mente más profunda, llena de sabiduría e inteligencia, actuó sobre esta petición y nos reunió en Orden Divino. Cada reunión y encuentro con toda persona en cualquer lugar del mundo puede estar llena de posibilidades y provecho. La oración favorita de esta mujer es: *"Todas las cosas suceden en provecho de aquellos que aman a Dios"* Ella creía que la Presencia Espiritual que se encuentra en su interior, siempre la cuidaría y la pondría en el camino fácil hacia la felicidad, libertad y paz mental.

UN MAL DE OJO LO PERSEGUIA

Conocí a un hombre que era muy religioso desde el punto de vista externo; era pilar de su iglesia y observaba todos los rituales, ritos y ceremonias. Creía que un mal de ojo lo perseguía, y sufría de las torturas del condenado. Sufría accidentes y le robaron su automóvil, su negocio se incendió, su mujer lo abandonó y se casó con otro; su hijo abandonó el hogar y se negaba a dirigirle la palabra.

Le explique que la creencia que un mal de ojo lo perseguía causaría todo tipo de desgracias en su vida y que debía empezar a creer en la armonía de Dios, en la bondad de la vida, en la orientación de Dios y en el amor de Dios hacia él. Indiqué que él fue creado para ganar y que a partir de ese momento debía empezar a creer en la acción correcta, en el éxito y en la Sabiduría de Dios, la cual gobierna todas sus acciones.

Conforme cambió su actitud mental, su mundo se transformó. Al igual que antes él estaba predispuesto a experimentar desgracias, ahora está predispuesto a expresar buena fortuna. Aprendió, de manera difícil, que toda orden que le damos a nuestra mente subconsciente será obedecida. Si usted le dice a su mente subconsciente que un mal de ojo lo persigue, ésta procederá a traerle, a su manera, dificultades, retardos, obstáculos y todo tipo de problemas a su vida.

LA ADVERSIDAD ES LA SEMILLA DE LA OPORTUNIDAD

No importa la gravedad de la situación, usted la puede aprovechar y obtener ganancias; puede sacar una oportudad de cada problema para servir a la vida y elevarse más. "En toda adversidad existe una semilla de oportunidad". El finado Dr. Harry Gaze relató acerca de Dan Morgan, un magnífico orador, quien, en una ocasión se dirigía a un pequeño pueblo de Nueva Inglaterra, un domingo por la noche, con el propósito de recolectar fondos, para un proyecto especial, en una iglesia. Una gran tormenta cayó y la nieve y la cellisca eran tan intensas que no había nadie en la calle. El orador decidió desafiar la tormenta, aunque dudaba que alguien asistiera a la iglesia. Al principio, el único que se encontraba presente era el conserje. finalmente, dos damas de edad avanzada entraron y tomaron asiento. Dan Morgan exclamó: "Vine a pronunciar un discurso y lo haré". El Dr. Gaze contó que el Sr. Morgan disertó de manera espléndida y una de las damas donó ¡la cantidad de $15,000 dólares! La otra mujer manifestó: "Bien, si tú puedes obsequiar $15,000 dólares yo también puedo". El Sr. Morgan indicó que recibió de esa congregación más dinero que de cualquier otra reunión, en momento alguno, durante su recorrido de conferencias.

LAS SORPRESAS MARAVILLOSAS SE ENCUENTRAN EN TODAS PARTES

Si usted cree, piensa, ora y actúa en forma espiritual cuando está en un apuro, usted sacará provecho de éste. Una muchacha que se encontraba entre nuestro público comentó que piensa que a donde quiera que se dirija, siempre será agradablemente sorprendida; disfruta de experiencias magníficas y únicas en todos los viajes. Ha convencido a su mente subconsciente, por medio de repetición, y ésta responde en consecuencia; acondicionó su subconsciente a la buena fortuna.

Quince muchachos estaban formados en busca de empleo. El joven que se encontraba al final de la línea le escribió al administrador una nota de la siguiente manera: "Sr. no escoja a nadie hasta que me entreviste". Obtuvo el trabajo. Dicho joven usó su mente y tenía confianza en que algo en su interior le ayudaría a expresarse y a comportarse en forma correcta. Esto no fue casualidad o suerte; fue la reacción de su mente subconsciente a su creencia.

SALVO UNA VIDA SIN RECIBIR AGRADECIMIENTO ALGUNO

Un hombre se quejó que una persona a la que salvó de ahogarse no le ofreció recompensa y ni siquiera se lo agradeció, aunque había arriesgado su vida con el objeto de salvar al hombre. Le expliqué que él había hecho lo correcto y que la Vida le daría su recompensa, sin embargo, no debía esperar recompensa o agradecimiento de una persona en especial. Su bien no siempre regresa de la fuente donde derrochó su esfuerzo o su dinero.

COMO RECIBIR SU BIEN AHORA

"Arroje a un hombre con suerte al Nilo y saldrá con un pescado en la boca" reza un proverbio árabe. Por medio de la fe en Dios y en todo lo bueno, usted puede cosechar ganancias de cualquier situación y aumentar su sabiduría y su fuerza. Puede recibir lo bueno si se dirige a su interior y afirma lo que desea en su conciencia. Debe sentirlo y emocionarse por ésto y el Espíritu que se encuentra en su interior hará que su petición acontezca. El saber que puede pedirle al Espíritu en su interior lo que desea y estar consciente de que lo recibirá, elimina de su mente el enojo, odio mala voluntad y resentimiento.

Emerson expresó: "El Todopoderoso necesita un órgano en el lugar donde estoy, de otra manera no estuviera yo aquí". Usted es un órgano de Dios y Dios lo necesita y desea expresar Su poder y sabiduría por medio de usted; ahora considérese en términos de su unidad con Dios y todo problema se supera en forma Divina, y siempre saldrá victorioso y triunfante.

PERMITA QUE DIOS HABLE POR MEDIO DE USTED

Debe estar alerta y activo y sentirse animado por el Espíritu Divino que se encuentra en su interior. Comprenda que Dios pondrá palabras en su boca, las cuales serán adecuadas para cada ocasión. Mi padre se encontraba, en una ocasión, sobre un puente contemplando el paisaje y un hombre le dijo: "Dios me ordenó que lo aventara desde el puente hacia el río que está abajo". Mi padre comprendió que estaba mirando los ojos de un maniático y le contestó en forma tranquila: "Dios lo puede hacer todo, sin embargo, ¿no sería más interesante bajar a la ribera para que me arroje hacia arriba?" El lunático estuvo de acuerdo, y cuando llegaron a la ribera, mi padre empujó al hombre al río y escapó. Unos hombres que estaban en una lancha rescataron a esta persona y lo entregaron a la policía. Esto mostró la presencia mental de mi padre quien comprendió que siempre hay una forma de escapar, para todas las emergencias y dificultades.

"Uno con Dios es una mayoría". "Si Dios es por Tí, ¿quién contra tí?" Crea en esto de todo corazón y todas las cosas se solucionarán para su bien y todas las experiencias estará llenas de dicha y buena fortuna.

38

REPASO DE LOS PUNTOS IMPORTANTES

1. La ley de la vida es la ley de la creencia. Creer en algo es aceptarlo como cierto, y cualquier cosa que usted acepte mentalmente que es verdad, acontecerá.

2. Las oportunidades se encuentran en todos lados. Aprenda a sacar provecho de éstas. Manténgase alerta y activo.

3. La dicha y el sufrimiento del hombre son las reflexiones de su pensamiento habitual.

4. El secreto de la buena suerte y de la buena fortuna es pensar en forma correcta, sentir en forma correcta, ser correcto, hacer lo que es correcto y actuar en forma correcta.

5. No es importante lo que usted aparenta creer con sus labios. Lo que importa es lo que en realidad siente en el fondo de su corazón.

6. No se preocupe por los malvados; su propia mente subconsciente reacciona en forma negativa o positiva de acuerdo con el uso que le den a ésta.

7. Su visión es una promesa definitiva de lo que será algún día; su ideal es la profecía de lo que acabará por descubrir.

8. Existen muchas personas que no comprenden el proceso, sino que sólo perciben los resultados y los llaman "casualidad".

9. Comprenda que cada reunión y encuentro con toda persona en cualquier lugar del mundo puede estar llena de posibilidades y provecho.

10. Debe darle a su mente subconsciente las órdenes correctas. Si usted afirma que un mal de ojo lo persigue, obedecerá sus órdenes, y le traerá toda clase de problemas a su vida.

11. En toda adversidad existe una semilla de oportunidad.

12. La repetición constante de la idea de buena fortuna será aceptada por su mente subconsciente, y usted tendrá buena fortuna.

14. No espere una recompensa de una persona en especial. La vida lo recompensará generosamente.
15. Todo problema es superado en forma Divina, por esta razón usted puede llevar una vida triunfante.
16. Si Dios es por tí, ¿quien contra tí? Crea en esto y todas las cosas se solucionarán para su bien.

¿CUAL ES EL GRAN ENGAÑO?

De acuerdo con el diccionario, engaño es un acto de engañar o el estado de ser engañado; es eso que engaña o lo que se realiza con la intención de engañar. Nuestros ojos nos engañan con frecuencia, explicaremos esto a medida que continuemos. Vemos el sol, la luna y las estrellas y nos vemos uno al otro por medio de nuestros ojos, los cuales funcionan en forma similar a una cámara. Por ejemplo, los fisiólogos nos indican que cuando vemos un árbol, su imagen invertida se refleja en la retina de nuestros ojos, la que, a su vez, transmite la imagen a los centros del cerebro. Estas reacciones se llaman "impresiones visuales". El fisiólogo señala que vemos con el cerebro; usted sabe que ve con la mente. La visión es espiritual, eterna e indestructible. Usted ve en sus sueños y ve colores con los ojos cerrados. La facultad de la clarividencia se encuentra en todos nosotros, aunque algunos la tienen más desarrollada, hasta el grado que pueden leer con los ojos vendados.

Con frecuencia, usted se engaña por lo que ve. Por ejemplo, una estaca que está insertada en el agua parece estar rota; cuando se para en las vías del tren, las dos líneas paralelas parecen juntarse en la distancia; las figuras blancas parecen más grandes que las negras. A menudo, sus ojos desfiguran el estado verdadero de la existencia, porque únicamente tratan con la apariencia superficial del hecho. Las personas dicen: "El sol sale y el sol se pone", pero en realidad ni sale ni se pone. De hecho, no vemos nada tal como es porque nuestros ojos están equipados para ver de acuerdo con nuestras creencias. Si nuestros ojos fueran equipados de alguna otra manera, veríamos las cosas en forma distinta. Un avión parece moverse en línea recta, sin embargo, en realidad, sigue un arco geométrico. La navaja de rasurar con la que el hombre se afeita parece muy filosa y recta, no obstante, cuando se observa bajo un microscopio es una línea ondulada. Un pedazo de acero parece sólido, sin embargo, los científicos señalan que los rayos X revelan que es poroso y que, en realidad, está compuesto de trillones de universos animados en miniatura cada uno tiene un movimiento extraordinariamente rápido y uno con otro no tiene contacto físico. Si usted observara una fotografía de su madre con una lupa, su cara parecería una sucesión de puntos grises, negros y blancos, dependiendo de si el papel es gris, negro o blanco. ¡El retrato de su madre desaparece! Sólo existió porque sus ojos estaban equipados a un nivel tridimensional; usted lo vio a escala de su observación acostumbrada. Si se observa la navaja de rasurar con los ojos de la ciencia, vemos que los electrones están en constante movimiento y viajan a una velocidad de muchos miles de kilómetros por segundo.

¿SON CIERTOS LOS INFORMES DE SUS CINCO SENTIDOS?

La razón por la cual señalé esto es porque las cosas no son lo que parecen. ¿Ha puesto en duda la validez y la verdad de diversas ideas y sugerencias que le han sido expuestas durante el día? Sus cinco sentidos le proporcionan informes del mundo exterior, los cuales no siempre son ciertos, sin embargo, a menudo, son dañinos y destructivos. Los pensamientos que usted hace que sean emotivos y acepta como verdaderos se introducen en su mente subconsciente y producen efectos en su cuerpo y en sus asuntos de acuerdo con su naturaleza.

ESTABA PERDIENDO LA VISTA

Por este medio me permito relatar cómo fue engañado un joven: En forma gradual estaba perdiendo la vista, y su médico le recomendó que abandonara la sastrería, su oficio, porque tenía que esforzar mucho la vista y que buscara un empleo menos arduo. Los oftalmólogos no podían encontrar nada radicalmente enfermo en el fundus (la parte opuesta a las pupilas) de sus ojos y pensaron que la dificultad podría ser emocional. Este joven culpaba a su trabajo por el esfuerzo al que tenía que someter a sus ojos por coser durante todo el día. Sin embargo, la verdadera causa de su problema de la vista radicaba en que él quería excluir a su esposa de su mundo. El manifestó que ella era "regañona" razón por la cual él se resistía ir a su casa. Usaba expresiones frecuentes como "No la puedo ver ni en pintura"; "no soporto verla"; "no veo cómo puedo escapar porque tengo dos hijos y la necesitan"; "no me quiere dar el divorcio y yo quiero a los niños". Su mente subconsciente aceptó estos sentimientos y declaraciones como peticiones y procedió a responder con la obstrucción de su visión para que finalmente no la tuviera que ver.

Reuní a este hombre con su esposa y les expliqué el funcionamiento de la mente. Ella cooperó, dejó de regañar, y comenzaron a orar juntos y vieron a Dios en el otro. También, empezaron a hablarse uno al otro amable y amorosamente. Además, oraban todas las noches y todas las mañanas, alternando diversos Salmos seleccionados (23, 27, 46, 91, y 100) con reflexiones de *"Momentos Tranquilos con Dios"*, unos de mis libros, el cual contiene 60 oraciones especiales. Después de un mes, su visión había vuelto a la normalidad. Este hombre se engañaba a sí mismo al culpar a su ambiente y a su empleo, cuando la causa verdadera, en todo momento, se encontraba en sus emociones negativas y destructivas.

CULPABA A LA HERENCIA Y A LA DIETA

Hace algunos meses, conversé con un hombre que estaba sometido a sedación y a curas de descanso y observaba una dieta porque padecía de colitis, enfermedad que sufría desde hacía algunos años. Se engañaba a sí mismo porque manifestaba que la causa de esta enfermedad se debía a la herencia y a la dieta. Comentó: "La colitis viene de familia; mi madre y mi abuela padecieron de ésta y además estoy seguro de que los alimentos que ingiero tienen algo que ver con mis problemas." Le señalé a este hombre que el finado Dr. Flanders Dunbar, una autoridad en medicina psicosomática, informó que el estudio de una cantidad de casos de colitis en un hospital de Nueva York mostró que los hombres estaban pegados a las faldas de la madre y nunca se habían alejado de ellas, en toda su vida, durante más de 30 días. Ninguno de ellos era casado y el principio de sus colitis estaba asociado con el conflicto entre la relación con la madre y el deseo de casarse.

Este hombre tenía un conflicto similar, además de un resentimiento hacia su madre, quien parecía criticarlo y encontrar faltas en cada muchacha que le presentaba como futura esposa. Descubrí que estaba muy enamorado de una joven de mente espiritual, no obstante, vacilaba en la decisión de casarse con ella porque no quería ofender ni molestar a su madre.

La solución final fue sencilla: Tomó la decisión de casarse y le compró una casa a su esposa; rompió el cordón umbilical de una vez por todas. Irradió amor y buena voluntad hacia su madre y le deseó todas las bendiciones del Cielo, no obstante, le informó que su esposa estaba en primer lugar en su vida.

Su colitis ulcerada desapareció milagrosamente en unas cuantas semanas. Se había engañado a sí mismo durante varios años, pues no comprendía que la causa de su enfermedad era emocional y se debía a la venenosa bolsa de resentimiento que estaba almacenada en las grietas del alma. Su colitis no fue deliberada; su problema provenía de un cúmulo de pensamientos negativos y destructivos.

Puesto que la mente subconsciente es una ley, organiza en un patrón complejo todos los pensamientos depositados en ésta y los patrones subconscientes alimentados constantemente no sólo son la causa de todos los males, sino que también son la causa de nuestros éxitos y logros triunfantes.

UN ENGAÑO DE SUMA IMPORTANCIA

El gran engaño radica en que el hombre promedio piensa en todo momento que el proceso causante se encuentra fuera de él mismo. Culpa a las circunstancias, medio ambiente y condiciones, sin embargo, los patrones mentales y las creencias que están alojadas en su mente subconsciente son la causa de todos los problemas. El gran engaño es, en esencia, la creencia en la casualidad material.

Usted escuchará a las personas afirmar constantemente que las circunstancias materiales son la fuente de sus problemas, pruebas, y tribulaciones. Esto es un engaño de suma importancia, y debe ser rechazado absoluta y completamente.

¿POR QUE NO LA CURA DIOS?

Recientemente, mientras conversaba con una mujer, me enteré de que su madre padecía de una grave enfermedad, y puesto que ella es una espléndida cristiana, de buen corazón, religiosa y muy generosa, ella se preguntaba ¿Por qué Dios no hace algo por ella? Tal pregunta ilustra en forma perfecta el gran engaño que afecta a muchas personas. La Ley de la Vida es la ley de la creencia y nosotros recibimos lo que creemos. Cualquier cosa que sembramos en nuestra mente subconsciente, cosecharemos. Si sembramos pensamientos de enfermedad, temor, resentimiento y hostilidad, cosecharemos estas cosas. "Sembrar un pensamiento", según la Biblia significa aceptarlo de todo corazón; nuestras creencias profundamente arraigadas es lo que se manifestará en nosotros.

45

El engaño total de esta joven y de su madre radicaba en que ambas creían que las enfermedades son independientes de la mente y no tienen nada que ver con el proceso de los pensamientos. Su madre tenía una insuficiencia cardiaca seria y creía que no podría curarse.

Las enfermedades incurables no existen, sólo hay personas incurables, es decir, existen aquellos que creen que no pueden curarse y de acuerdo con su creencia así les acontece.

En la actualidad, su madre se está recuperando maravillosamente; ya no está bajo el hechizo del gran engaño de que su corazón es un objeto material con sus propias leyes, independientes de su forma de pensar. Ahora cree que su cuerpo se somete a sus pensamientos y a sus sentimientos, y que a medida que cambia su mente, cambiará su cuerpo. Está orando de manera regular, sabedora de que el Proceso Infinito de Curación fluye por su interior como belleza de integridad, vitalidad y energía y que el amor de Dios mora en su mente y en su cuerpo. Empieza a comprender que la enfermedad no tiene poder más que el que le suministra en sus pensamientos y que se curará. Cuando usted tiene problemas de cualquier tipo, obsérvelos como una señal de la naturaleza de que piensa de manera incorrecta en esa dirección; luego cambie su forma de pensar y mantenga el cambio.

SU TEMOR CAUSO TRES ACCIDENTES

Hace poco tiempo, un joven me preguntó: "¿Qué he hecho para merecer esto?" Y agregó: "Nunca he hecho nada malo". A menudo, la explicación es la cura, así que procedí a señalar que todas nuestras experiencias son el resultado de nuestras creencias subconscientes y de nuestras suposiciones. En otras palabras, todas las experiencias, condiciones y eventos de nuestra vida son el resultado de la totalidad de nuestras creencias. Además todos tenemos muchas creencias e ideas que hemos olvidado desde hace mucho, tal vez, desde la niñez, y están escondidas en los recodos más profundos de nuestra mente subconsciente. Todas las creencias y tendencias que tenemos al nacer, aún están con nosotros y tienen el poder de manifestarse e influir en nuestras vidas.

Por ejemplo, si cree que sentarse junto a un ventilador le ocasionará un cuello rígido, su mente hará que usted tenga un cuello rígido, no por el ventilador, el cual representa moléculas inofensivas de energía que oscilan a una frecuencia muy alta, sino por su creencia errónea. Si usted teme que se resfriará porque alguien estornuda, su temor es un mecanismo de su propia mente, la cual crea lo que usted espera, teme y cree.

Si usted se encuentra en un cuarto caliente y luego sale a la atmósfera fría, la naturaleza puede hacer que estornude. De esta manera, la naturaleza le proporciona un balance y un equilibrio al cuerpo, el estornudo es una bendición. Sin embargo muchos temen que el estornudo es una señal de que se están resfriando, sin saber que el poder creativo de su propio pensamiento es lo que causa la gripe.

Este joven se preguntaba qué había hecho para merecer tales problemas y confesó que esa mañana había comprado una revista de astrología y que leyó qué existía mucho peligro de un accidente automovilístico y que debía tener mucho cuidado. Comentó que estaba cargado de temor y temblaba cuando lo estaba leyendo. No quería manejar este día pero tenía que presentarse para una audición de suma importancia y la única manera de llegar era por medio del automóvil. Ese mismo día tuvo tres accidentes y un hombre había salido lastimado de gravedad. Estaba conmocionado y tenía una contusión y heridas; su coche estaba muy dañado. Job dijo: *"Porque el temor que me espantaba me ha venido"*. Su enorme temor fue la causa de estos accidentes.

La mente subconsciente dramatiza en experiencias los pensamientos que hacemos emotivos. Su mente subconsciente recibió este enorme temor como una petición y lo manifestó en la pantalla del espacio. Lo que sembramos, con toda seguridad, cosecharemos.

UNA TECNICA DE ORACION PARA MANEJAR CON SEGURIDAD

Le proporcioné una oración para que la utilizara con regularidad y le expliqué en detalle que si él llenaba su mente con estas verdades, su mente subconsciente las aceptaría en consecuencia, y él estaría obligado, en forma subconsciente, a manejar armoniosa y pacíficamente y que nada le volvería a suceder. La oración, que le suministré y recomendé que usara en forma regular y sistemática hasta que se convirtiera en parte de él, es la siguiente:

"Este es el automóvil de Dios; es la idea de Dios y se traslada de un punto a otro libre, dichosa y amorosamente. La sabiduría de Dios maneja este coche por todos los caminos; la belleza, simetría y orden de Dios gobiernan el mecanismo de este automóvil en todo momento. La Presencia Santa de Dios bendice este coche y a sus ocupantes; el conductor de este coche es un embajador de Dios; está lleno de amor y buena voluntad hacia todos. La paz, verdad, y comprensión de Dios siempre gobiernan al conductor. Dios dirige todas las decisiones, y hace que el camino sea recto, bello y perfecto. El Espíritu del Señor Dios está con el conductor y convierte todos los senderos en una carretera para su Dios".

LA GRAN VERDAD

Existen muchas personas que culpan al clima por sus gripes, dolores y aflicciones y también por su depresión y melancolía. La atmósfera nunca dijo: "Te daré un resfriado, pneumonía, gripe o tos". El aire no causa daños y el hombre debe dejar de contaminar la atmósfera con nociones extrañas, doctrinas falsas y creencias raras.

Usted debe aprender la gran verdad de que ninguna persona, situación o condición le causa enfermedad, desdicha, soledad o lo hace pasar por situaciones económicas difíciles. Las creencias y lo que se imprime en su mente son la causa de todas las experiencias y hechos en su vida.

Millones de personas sufren del gran engaño porque se encuentran autohipnotizadas por un cúmulo de ideas, creencias y opiniones falsas y de sensaciones. Su mente subconsciente actúa como una ley para manifestar e ilustrar los patrones acumulados que moran en su mente más profunda.

LAS ENFERMEDADES SE ORIGINAN EN LA MENTE

Los psiquiatras y psicólogos quienes exploran y analizan su mente más profunda han demostrado que usted no está consciente de estos patrones internos; al no saber que se encuentran ubicados ahí, muchas personas asumen que no los tienen; luego establecen excusas y pretextos de todo tipo para justificarse a sí mismos. El Dr. Phineas P. Quimby comprobó hace 100 años que el cuerpo se mueve como es movido, que el cuerpo actúa como se le hace actuar, y que no tiene voluntad propia, inteligencia autoconsciente, y no tiene actividad propia. El cuerpo se caracteriza por la inercia y usted puede componer una canción de amor o un himno de protesta sobre él; es un disco emocional sobre el cual usted toca sus emociones. Si usted corta una parte de su cuerpo y la coloca en un estante, no puede enfermarse aunque se descompone. La razón por la cual una extremidad que se ha separado del cuerpo no puede padecer una enfermedad es porque está separada de la men-

EL SIGNIFICADO REAL DE ESPIRITU MALIGNO Y MALDAD

El gran engaño funciona desde muchos ángulos; existen los que culpan al espíritu maligno de sus problemas y sufrimientos, no obstante, tal cosa no existe. La palabra "espíritu maligno" significa vida al revés. Si deletrea "live" (vida en inglés) al revés, tendrá "evil" (maldad en inglés). Los antiguos místicos hebreos decían que el espíritu maligno miente acerca de Dios y difama o calumnia las verdades de Dios. El bien y el mal son sencillamente un mecanismo de la mente del hombre relativo al Espíritu Viviente que se encuentra en su interior, que es Dios. Si el hombre utiliza la electricidad en forma incorrecta se quema o se lastima; de la misma manera, si utiliza las leyes de su mente subconsciente en forma incorrecta tendrá reacciones negativas. Las fuerzas de la naturaleza no son malignas; una reacción positiva o negativa depende, por completo, del uso que hacemos de los elementos de la naturaleza y de las fuerzas que están en nuestro interior. El gran engaño radica en entronar en su mente la idea de que las cosas, condiciones y fenómenos son la causa determinante de su miseria, sufrimiento y todo género de desgracias.

COMO TRINFO SOBRE LA SUGERENCIA DE UNA INFECCION VIRAL

Un hombre, quien trabaja en una oficina en Los Angeles, me escribió para indicarme que la mitad de su personal estaba ausente debido a una infección viral y que temía contagiarse; quería saber cómo se podía proteger. Le contesté para señalarle que él le temía a un virus invisible, al cual no podía ver y el cual no tenía poder sobre él se estaba sugiriendo a sí mismo que podía estar expuesto a la infección y que las sugerencias y declaraciones de los demás no tienen poder para crear lo que sugieren, es decir, también son parte del gran engaño. Las sugerencias de otros no tienen poder.

Le recomendé que rechazara, por completo, la sugerencia de la infección y que la acción creativa siempre está en su propio pensamiento y sentimiento. Además, le informé que no puede suceder nada a menos que suceda por medio del poder creativo de su propia mente, y, por lo tanto, los demás no tienen poder. Con frecuencia, debía repetir lo siguiente:

"Yo y mi Padre somos uno; vivo ahora y tengo mi ser en Dios, y Dios vive, se mueve y tiene su Ser. en mí. Lo que es verdad de Dios es verdad de mí. Dios no se puede enfermar, por lo tanto, yo no me puedo enfermar. La salud es mía; la dicha es mía; la paz es mía y me siento maravillosamente bien".

POR QUE NO TIENEN PODER LAS SUGERENCIAS DE OTROS

Si alguien lo llama un zorrillo, usted sabe que no lo es, y la afirmación no tiene poder. Usted domina su mente y tiene la maravillosa oportunidad de afirmar que la paz y el amor de Dios llenan el alma de las personas en cuestión. El poder siempre se encuentra en usted y no en el otro. Usted puede maldecir o bendecir; no debe darle poder y privilegios a la gente que no los tiene. No observe a la materia como maldad o al mundo como malvado. El Espíritu y la materia son uno y los científicos nos informan que la energía y la materia son intercambiables, que la energía y la materia son una; esta es la razón por la que los pensamientos son cosas. El pensamiento es la causa y la manifestación el efecto.

COMO TRIUNFAR SOBRE EL GRAN ENGAÑO

La terapia científica de la oración es la única respuesta real al gran engaño. Permita que la luz de Dios brille en su mente y usted neutralizará todos los efectos dañinos de los pensamientos negativos que fueron implantados en su mente subconsciente. Llene su mente con las verdades y los hechos de Dios y ocúpela con los conceptos de que Dios es Amor, Paz, Dicha, Belleza, Integridad y Sabiduría y que su Río de Paz y su Océano Infinito de Amor fluyen en sus mentes subconsciente y consciente. A medida que usted convierta esto en hábito, acabará por borrar y erradicar todos los patrones negativos alojados en su mente subconsciente.

La palabra "engaño" implica la palabra "verdad". Usted puede engañarse por error, pero la Verdad permanece sin opacarse por el tiempo. Debe ponerse en armonía con la Presencia de Dios y el Poder de Dios estará en su pensamiento consciente. Con audacia afirme: "Dios es Espíritu, y su Espíritu Santo fluye en mi interior ahora, y limpia todos los patrones subconscientes conocidos o desconocidos que obstruyen mi bien. Mi subconsciente acepta mis afirmaciones de la Verdad, y soy libre en Dios y estoy lleno de paz, dicha y armonía. Yo soy Espíritu y sólo lo que es de Dios puede actuar en mí; acepto en forma subconsciente la integridad y la belleza del Espíritu ahora. Esta oración me libera para siempre del gran engaño de los tiempos. El día amanece para mí y todas las sombras huyen".

ASEGURESE EN CONTRA DEL ENGAÑO

1. No juzgue por las apariencias. Sus ojos le engañan con frecuencia y sólo tratan con la apariencia superficial del hecho.
2. Compruebe las cosas por sí mismo.
3. No culpe de nada a las personas, condiciones o circunstancias.
4. La causa de todos los males se encuentra en los patrones negativos de la mente subconsciente. Los patrones constructivos en el subconsciente son la causa de nuestros éxitos y logros triunfantes.
5. El engaño es la creencia en las casualidades materiales.
6. La Ley de la Vida es la ley de la creencia, lo que sembramos, cosecharemos.
7. Todas las experiencias y hechos de nuestra vida son el resultado de la totalidad de nuestras creencias.
8. Llene su mente consciente con las verdades de Dios, y su subconsciente aceptará estos hechos eternos y los hará suceder en sus experiencias.
9. Aprenda la gran verdad de que ninguna persona, situación, o circunstancia le causará enfermedad, infelicidad, soledad o penuria.
10. Usted puede escribir sobre su cuerpo una canción de amor o un himno de protesta; escoja el amor.
11. El bien y el mal son el resultado de la forma en que utilizamos nuestra mente.
12. Las sugerencias y las declaraciones de otros no tie-

nen poder para crear lo que sugieren.

13. Su pensamiento es la causa, y la manifestación el efecto.

14. Podrá ser engañado por error, sin embargo la Verdad lo liberará.

LO UNICO QUE IMPORTA

4

El descubrimiento más grande de todos los tiempos es estar consciente del poder de Dios. Este hallazgo tiene mucha más importancia que el descubrimiento de la energía atómica o nuclear. Empiece ahora a conocer las enormes potencialidades que se encuentran en su interior. La Biblia dice: *"Ahora debes conocerlo a El y estar en paz, y en consecuencia, el bien te acontecerá"*. Lo único que importa es conocer y establecer una relación amistosa con su Ser Más Alto, que es Dios en su interior. Este es el momento de hablarse a sí mismo con honestidad y sinceridad, y hacerse a sí mismo preguntas como: "¿En realidad, creo que la Inteligencia Infinita que se encuentra en mi interior es Dios y que El es la única Presencia, Poder y Causa en el Universo?" Si es así, usted no culpará a las circunstancias, condiciones, eventos u otras personas.

La segunda pregunta que se debe hacer a sí mismo es: "¿Creo que la causa de mis experiencias, hechos y circunstancias se debe a los poderes que se encuentran fuera de mí? Si es así, ¿Por qué trato de cambiar las cosas?"

La tercera pregunta que se debe hacer a sí mismo es: "¿Creo en realidad, que los fenómenos del mundo son un efecto y no una causa?" Si usted creyese esto, nunca gimotearía, o se quejaría acerca de los aspectos externos, sino que procedería a alinear su pensamiento y su sentimiento en armonía con Dios y Su ley, y en consecuencia cambiaría su mundo.

NUESTRAS CREENCIAS SON LA CAUSA
DE NUESTRAS EXPERIENCIAS

Nuestras creencias mentales son la única causa, y cualquier cosa que piensa, siente, cree y acepta como verdad en su mente es la única "causa" en su mundo. Debe recordar, en forma constante, que *"según cree, le acontece"*. Se debe regocijar en la Presencia de Dios que se encuentra en su interior y debe sentirla; esto es lo único que cuenta en su vida. Debe ponerse en armonía con el Ser Infinito de su interior y honrar como suprema y soberana a esta Presencia en su vida y descubrirá que todo actuará en conjunto para su bien.

COMO TRIUNFO SOBRE LOS NERVIOS

Hace algunos años, tuve una interesante discusión con un hombre. Era inteligente y dedicado a sus creencias ortodoxas religiosas. Se encontró envuelto en un pleito legal muy complicado; además, había enfermos en su hogar y sus hijos tenían problemas con la policía. Sufría de insomnio e hipertensión y padecía de los nervios. Las instrucciones que le suministré fueron que apartara su mente de los problemas y pensara en Dios y que a medida que sintiera que Su Río de Paz y Luz fluía por su mente Su Sabiduría le revelaría la solución. Conforme llevaba esto a cabo, la tensión disminuyó; desarrolló una elevación de conciencia y un sentimiento de poder sobre las circunstancias. Al abandonar el problema en forma temporal, su mente se relajó y tuvo la idea de visitar a un viejo amigo, lo que hizo. Al conversar con su amigo, se clarificó su mente, lo que finalmente le condujo a la solución.

COMO SUPERAR LAS OLAS
DE DUDA Y ANSIEDAD

Nuestra Biblia declara que se soltó una gran tempestad en el mar. Cada hombre es un barco que viaja en el océano de la vida. Todos estamos sumergidos en el gran mar universal de la conciencia; todos viajamos psicológica y espiritualmente hacia ciertas metas, objetivos y logros. Algunas veces, las olas cubren al barco; esto representa la creencia de la raza en fracasos, carencias y limitaciones. En algunas ocasiones, las tormentas de duda, ansiedad y depresión nos obsesionan. Los discípulos dijeron: "...Señor, sálvanos; perecemos". Los discípulos representan sus facultades de la mente, sus pensamientos, sentimientos y creencias, además de actitudes mentales y la esperanza, en general. Debe educar a sus facultades mentales a volverse hacia su interior y a tener fe en todo lo bueno, una esperanza dichosa de lo mejor y debe inscribir en su corazón la firme creencia de que la Inteligencia Infinita lo conducirá a encontrar la solución y le mostrará el camino. Debe tener una convicción firme en el Poder de Dios para solucionar los problemas y mostrarle el camino. Esta fe en Dios le permitirá caminar sobre las aguas de temor, duda, preocupación y peligros imaginarios de todo tipo.

SIEMPRE EXISTE UNA SOLUCION

Cuando dice: "No existe solución, no tengo oportunidad", está haciendo caso a los vientos de confusión, temor y opinión humana, pero cuando recuerda al Señor, que es el Poder Espiritual que se encuentra en su interior, absolutamente Toda Sabiduría y Todo Sabio, usted estará obteniendo la solución, la forma de salir del problema, el final feliz, y en consecuencia, hará caso omiso de los vientos del intelecto humano y las olas de desesperación, melancolía y depresión.

EL SIGNIFICADO DE LA FE

El hombre está adormecido ante el Poder de Dios y la Sabiduría que se encuentran encerrados en sus propias profundidades subconscientes; por esta razón en San Mateo 8:24 dice: "...él dormía". El hombre que tiene fe despierta y aviva el don de Dios que está en su interior; sabe que este es el Reino de lo Real; comprende que su ideal o deseo es real en el Reino Interno, y que su fe o sentimiento harán que la Presencia sin forma o invisible se convierta en substancia a través de circunstancias, hechos y experiencias. Por esta causa, el hombre de fe camina sobre las aguas de duda y temor y se mueve en confianza y comprensión hacia la tierra prometida, su objetivo más preciado. Fe significa aceptar como verdad lo que la razón y el intelecto niegan.

POR QUE SUS PENSAMIENTOS SON COSAS

El hombre debe despertar al hecho de que la ciencia y la religión son dos arcos de un círculo que se unen para formar un todo completo. Debe abandonar los conceptos anticuados que no pasan la prueba de la verdad. Las ciencias de la química y de la física de hace un cuarto de de siglo ya no son válidas; la ciencia descubre, en forma constante, nuevas verdades. Por ejemplo, el dogma de elementos inmutables ya no funciona; este dogma desapareció con el descubrimiento de la radioactividad. En una época, la gente creía que el mundo era algo fijo y estático; en la actualidad, sabemos que es un universo fluido de fuerzas danzantes, un universo mental, dinámico y cambiante. Einstein y otros han demostrado que la conservación de energía y masa ya no son verdades distintas y separadas; la energía y la masa son intercambiables, por esta razón nuestros pensamienots son cosas.

EL DESTINO DEL DOGMA

Debemos olvidar para siempre los antiguos dogmas que afirman como cierto lo que todos los científicos saben que es falso. Debemos dejar de afirmar algunas cosas como verdades sin conocimiento. Existen personas que aún insisten que la creación de la tierra se realizó en seis días y que Adán y Eva fueron nuestros primeros padres. La alegoría del Jardín del Edén junto con conceptos tales como la concepción inmaculada, la caída del hombre, el día del juicio, la sangre del cordero, salvación, infierno y castigo eterno son términos basados en el dogma teológico y son vendimia antigua; deben verse como mitos seculares, que ejemplifican verdades internas psicológicas y espirituales.

La religión debe mantener su mente continuamente abierta a la nueva verdad, pues en la actualidad, está pasando por una revolución y no hay fin a las verdades de Dios que son reveladas en forma constante a la mente perceptiva y meditativa. Los problemas del presente no serán solucionados por medio de credo, dogma y tradición. El hombre debe descubrir sus poderes ocultos y aprender a confiar en estos y debe emplear la sabiduría y el poder que se encuentran en su interior para que estos lo conduzcan hacia caminos de afabilidad y senderos de paz.

LE TEMIA A DIOS

Hace algún tiempo, un hombre me escribió y declaraba que era un buen cristiano, ayudaba a los pobres, asistía a la iglesia en forma regular y practicaba los preceptos y doctrinas de su iglesia, sin embargo, agregó: "Todo en mi vida está al revés. Estoy enfermo, mentalmente torturado, sin dinero y me encuentro en un escollo ¿qué pasa?"

En una entrevista con este hombre, descubrí que tenía un título en ciencia, era maestro en una escuela dominical, un ferviente estudiante de Platón, Aristóteles, Eckhardt y Plotino, y podía citar extensamente a estos famosos místicos y filósofos. Aunque estaba familiarizado por completo con estas ideas filosóficas abstractas, nunca las asimiló en forma tal que pudiera utilizar estos conceptos para brindarse a sí mismo una medida de paz. Para él, estos escritos eran una especie de ejercicio espiritual y nunca se los apropió para que llegaran a su corazón. "Los asuntos de la vida salen del corazón".

El creía en un Dios en el espacio, en lo alto de los cielos, una especie de ser impenetrable, tiránico quien lo castigaría si pecaba y quien lo juzgaría, con toda seguridad, el día del juicio. En realidad, le temía a Dios, además creía que Dios quería que sufriera. Le expliqué cómo funciona su mente subconsciente, agregué que como un hombre educado, científicamente, debía saber que las leyes de la mente, como las leyes de la química, física o matemáticas son impersonales en su totalidad, y lo que él imprimía en su mente subconsciente era expresado de la misma manera como las semillas que se depositan en la tierra se asemejan a su especie cuando brotan. Su religión no era científica, y en realidad, violaba el sentido común. Todo su punto de vista religioso era irracional, irrazonable y acientífico. Comprendió que se estaba castigando a sí mismo y que su vida caótica se debía a sus pensamientos negativos y llenos de temor que generaban emociones destructivas y negativas.

COMO TRIUNFO SOBRE LA INTENCION DE ASESINAR A LA OTRA MUJER

A continuación presento un ejemplo que señala en forma vívida el funcionamiento de la mente. Una mujer estaba llena de enojo, odio y resentimiento hacia su esposo porque descubrió que éste tenía una amante; además enseñó a los niños a odiarlo. Sentía muchos celos por la otra mujer y me informó que había comprado una pistola porque su intención era matarla. Le expliqué cómo funciona la mente más profunda; manifesté que las emociones corrosivas y venenosas que estaba generando, si continuaban, crearían un mecanismo subconsciente reflexivo que la obligarían a cometer el asesinato, lo que ella no deseaba llevar a cabo en forma consciente. Sus conceptos religiosos y ortodoxos no la ayudaban a encontrar una solución a su problema. Necesitaba despertar a la Presencia y al Poder que se encontraban dormidos en el barco; empezó a despertar al hecho de que todas las religiones del mundo cuando son despojadas de sus superficialidades, envolturas y adornos consisten exclusivamente en esta verdad básica y fundamental que se enseña en las Escrituras: *"Según piensa el hombre en su corazón, así es él"*. El "corazón" significa la mente subconsciente, y lo que usted imprima en ésta acontecerá. Los pensamientos y los sentimientos que han sido suprimidos en su mente subconsciente tienen vida propia y se manifiestan en su experiencia. Recuerde que las impresiones que se hacen en su subconsciente son compulsivas.

Esta mujer abandonó sus ideas anticuadas y sus opiniones falsas sobre la religión y comprendió que ella era el capitán de su barco y que lo estaba dirigiendo activamente hacia las rocas. Los credos, dogmas y conceptos tradicionales no le dieron resultado alguno. Ella oró de la siguiente manera: "Entrego a mi esposo y a su amante a Dios en forma completa; comprendo que Dios es el Gran Redentor. Dios me conoce; Dios me cuida; espero que este misterioso y maravilloso Poder Divino le proporcionen a mi alma paz y me orienten hacia la armonía y la dicha; seguiré comprendiendo que el amor de Dios llena mi mente y mi cuerpo. Estoy consciente de que este Poder Universal me cura, me protege y me abre nuevas perspectivas de paz y prosperidad. Sé que el Espíritu Santo fluye por mi mente y calma los vientos y las olas en mí ahora, y siento una gran tranquilidad en mi alma".

Repitió esta oración en voz alta lenta y amorosamente, muchas veces al día. El resultado fue que su esposo volvió con ella y con su familia y les pidió perdón. Mientras tanto, de repente, la otra mujer pasó a la siguiente dimensión de la vida. Existe mucha calma en este hogar en la actualidad.

A pesar de las creencias religiosas que profese, realizaciones científicas o logros filosóficos, lo único que importa, en realidad, es conocer íntimamente al Factor Espiritual que se encuentra en su interior; es indómito, invencible e invulnerable.

POR QUE NO LE QUEMO EL FUEGO

H. T. Hamblin, el finado editor de la Revista *Ciencia del Pensamiento*, Chichester, Inglaterra, me relató un incidente entre dos aviones, uno británico y el otro alemán que combatían en el aire cerca de su hogar. Uno de los aviones cayó y se estrelló en llamas en una pradera. El joven piloto inglés no se lastimó. Le comentó al Sr.

Hamblin, el cual había estado orando por su seguridad: "Sabía que estaba cayendo y no sentí miedo al caer, no sé cómo explicarlo, pero algo cambió en mi interior, y comprendí que no podía quemarme ni lastimarme en forma alguna". Un hombre puede encontrarse en un exaltado estado de conciencia, viviendo en una dimensión más alta de pensamiento, y el agua no lo ahogará ni el fuego lo quemará. En el libro de Daniel, se confirma el incidente que se menciona con anterioridad. Tres hombres, Sadrac, Mesac y Abednego, fueron arrojados en medio de un horno ardiente. *"He aquí que yo veo cuatro varones sueltos, que se pasean en medio del fuego sin sufrir ningún daño; y el aspecto del cuarto es semejante al Hijo de Dios"*. El "Hijo de Dios" se refiere a la Presencia de Dios en cada hombre, la cual lo puede sacar de cualquier predicamento.

APRENDA A TRIUNFAR SOBRE TODOS SUS PROBLEMAS

Deje de confiar en un ser vago y misterioso afuera de usted mismo. Debe comprender las leyes de su mente que son seguras, y puede confiar en estas leyes y principios en forma implícita. Sienta la Presencia del Amor de Dios en su alma y conozca íntimamente las cualidades y atributos de Dios por medio del establecimiento de estas cualidades en sus pensamientos y sentimientos. Resucite su poder Divino y esté consciente de que usted puede superar todos los problemas y dificultades.

Eleve su conciencia y piense en Dios, Su sabiduría y poder supremos y usted calmará los vientos de confusión y las olas de temor e ira: *"Entonces, levantándose, reprendió a los vientos y al mar; y se hizo grande bonanza"*.

TENGA PODER SOBRE LAS CIRCUNSTANCIAS Y LAS CONDICIONES

1. Lo único que importa es conocer y establecer una relación amistosa con su Ser Más Alto.
2. Según cree, le acontece.

3. Siempre recuerde: Si usted en realidad desea tener poder sobre las circunstancias, usted lo puede tener.

4. Tenga una convicción firme en el poder de Dios para solucionar su problema. Esto disuelve todos los obstáculos en forma mágica.

5. Siempre hay una solución para todo problema. Medite sobre un final feliz, y lo que usted medite, usted experimentará.

6. Fe significa aceptar como verdad lo que la razón y el intelecto niegan.

7. Los pensamientos son cosas.

8. No afirme como cierto lo que todo científico sabe que es falso.

9. Las leyes de su mente, como las leyes de la química y de la física, son completamente impersonales y no respetan a las personas.

10. Recuerde: Las impresiones que se hacen en su mente subconsciente por medio de pensamientos repetitivos son compulsivas.

11. La Presencia de Dios que se encuentra en su interior lo puede sacar de cualquier predicamento cuando usted confía en Dios y cree en El.

12. Las leyes de su mente son seguras; usted puede confiar en estas leyes y principios implícitamente.

TODO FIN ES UN PRINCIPIO

5

Hace miles de años Job interrogó: "*¿Si muere un hombre, podrá volver a vivir?*" Desde entonces, esta pregunta se ha hecho millones de veces. La verdad es que no existe la muerte en el sentido del olvido; Dios es Vida y esa Vida es nuestra Vida ahora. La Vida o Dios no tuvo principio y no tiene final. El hombre, Vida como Dios en manifestación, no puede morir.

El cuerpo tiene un principio y el cuerpo tiene un fin. Siempre tendremos un cuerpo porque el cuerpo del hombre, ya sea tridimensional o cuatridimensional, es el vehículo de la expresión de la Vida. Cuando dicho vehículo o cuerpo deje de ser aquí un instrumento adecuado es descartado; entonces, el Espíritu se envuelve en un nuevo cuerpo. No debemos pensar en la muerte como un final; más bien debemos pensar en ésta como un principio, y más abundante. No la debemos ver como una pérdida sino más bien como una ganancia. En lugar de pensar de forma desconsoladora en el partir debemos comprender que nos reuniremos con todos nuestros seres queridos. En vez de pensar que nos vamos, debemos estar conscientes de que estamos por llegar a nuestro nuevo destino. Cuando hayamos probado la realidad de lo que el hombre llama "muerte" comprenderemos que es un nuevo conocimiento. Será lo que la salud es para el hombre enfermo, lo que el hogar es para el que se encuentra en el exilio.

Milton expresó: "La muerte es la llave dorada que abre el palacio de la eternidad". No es posible que algo tan universal como la muerte sea juzgado como malo; debe ser bueno o no existiría. El viaje es de la gloria hacia la gloria; el hombre se dirige hacia adelante, hacia arriba y hacia Dios. Aceptamos procesos de renovación, resurrección, y fructificación de las estaciones, aves y flores y de la vida de los insectos; sin embargo, en lo que respecta al hombre, nos quedamos mudos de temor. Somos tímidos cuando debemos decir que la muerte y el nacimiento son dos lados del escudo de la vida y no deben temerse. Básicamente, es la vida en fase de cambio. Algo viejo que se abandona por algo nuevo es la transacción consumada en el proceso llamado muerte.

Cuando usted pase a la siguiente dimensión de la vida, gozará del uso completo de sus facultades mentales; reconocerá su medio ambiente; reconocerá a otros y también será reconocido; observará, entenderá, aprenderá y avanzará en todas las fases de su vida. La muerte es más que un fin; en realidad, es un nuevo principio, puesto que cuando algo finaliza, empieza algo nuevo siempre. Esta es la razón por la cual todo fin es un principio. La entrada a la siguiente dimensión de la vida se caracteriza por novedad, libertad y expresión.

LA VIDA ES UN DESENVOLVIMIENTO SIN FIN

La vida es una progresión, un desenvolvimiento sin fin, el cual siempre está en expansión. En la siguiente dimensión de la vida, usted recordará su vida en el plano terrenal y tendrá remembranzas de quién y qué es, lo cual será el enlace que le recuerda cual es la continuidad de su vida individual, conforme se expande en forma ilimitada. Dios es Infinito; usted también es infinito y nunca en toda la eternidad podrá agotar las glorias y bellezas que se encuentran en su interior. ¡Así de maravilloso es usted!

En el Capítulo 15 del Primer Libro de los Corintios, Pablo dice: *"Y hay cuerpos celestiales, y cuerpos terrenales; pero una es la gloria de los celestiales y otra de los terrenales. Y así como hemos traído la imagen del terrenal, traeremos también la imagen del celestial"*.

USTED ES INMORTAL

Aquí Pablo dice, en realidad, que no existe la muerte y que todos los hombres son inmortales. Todo niño que nace es la Vida Universal, o Dios que asume la forma de ese niño. Es decir, efectivamente, Dios que viene de los Cielos (Estado Invisible) y aparece en un cuerpo terrenal. Cuando este instrumento ya no funciona con perfección, nos envolvemos en un cuerpo subjetivo, etc. Lo único que usted se lleva consigo a la siguiente dimensión de la vida es su estado de conciencia, lo que significa su conocimiento, inteligencia y convicciones de Dios, la Vida y el Universo.

COMO CONSIDERARON DOS HIJAS
LA TRANSICION DEL PADRE

Hace unos días, visité la casa de dos muchachas con el propósito de conducir una meditación por su padre quien había realizado su transición. Una de las hijas comentó: "Comprendo que mi padre está vivo en la vida de Dios y que funciona a una frecuencia más alta. Queremos orar por él e irradiar amor hacia él, lo que le ayudará en su camino". Informó que murió a las dos horas en punto y su hermana le indicó: "Fue a las dos horas, pero, mira, la manecilla se está moviendo hacia una hora nueva. Lo mismo le sucede a nuestro padre; su vida aquí, en este plano, ha terminado, y una nueva vida empieza para él". Ella sabía que todo fin es un principio.

NOS PONEMOS UN CUERPO NUEVO

Pablo dice: "... *como traemos la imagen de lo terrenal...*". Lo cual significa que todos nacemos en el tiempo, espacio y limitaciones tridimensionales; sin embargo, también tendremos la imagen de lo celestial; es decir, algún día, nos despojaremos de este cuerpo. No nos lo llevaremos cuando entremos en oscilaciones más elevadas del Espíritu, donde nuestros cuerpos son tan esotéricos y están tan ate-

67

nuados que la persona normal no los puede ver.

Cada hombre debe crecer y expandirse. Aun el niño cuya vida se apagó al nacer, o el que vivió únicamente una semana, es una nota de gracia en la gran sinfonía de toda la creación.

El niño crece, se expande, y se desenvuelve en otra dimensión de la mente. Por medio del amor este niño está unido a usted y a todos los que se encuentran tocando en la orquesta celestial bajo la dirección de profetas iluminados, como Jesús, Moisés, Laotsé, Confucio y otros, quienes aun viven, se mueven, y tienen su ser en mansiones más altas en la morada de nuestro Padre.

USTED VOLVERA A REUNIRESE CON SUS SERES QUERIDOS

Cuando usted llegó al mundo, fue recibido por manos amorosas que lo cuidaron; fue consentido y amado y se atendían todas sus necesidades hasta que dejó la niñez. Lo que es verdad en un plano también lo es en otros planos de la existencia, pues Dios es Amor. Al entrar a la siguiente dimensión será recibido por enfermeras capacitadas y por doctores que lo introducirán a la nueva vida y lo iniciarán en ésta. El amor atrae, y usted se encontrará nuevamente con todos sus seres queridos y tendrá una reunión feliz. Si usted es maestro de la verdad aquí, también enseñará allá y además escribirá; viajará, hará todo lo que hace aquí, la única diferencia es que operará en una nueva longitud de onda o frecuencia más alta. Ahí no verá ningún sol ni luna, puesto que el tiempo allá no es igual al tiempo aquí. Por ejemplo, cuando usted duerme por la noche, su mente está muy activa, pero usted no está consciente del tiempo.

EL TIEMPO AQUI NO ES EL TIEMPO ALLA

Recientemente, en un avión que se dirigía a Hong Kong, tuve una conversación con un escritor, quien me indicó que una noche se quedó dormido y viajó por todo el mundo, pronunció discursos que duraron horas, visitó a miles de personas y leyó varios libros (uno de éstos contenía 5000 páginas). Además señaló que leyó el contenido de un nuevo libro que estaba escribiendo. Cuando despertó se dio cuenta de que había estado dormido durante únicamente un minuto.

En la siguiente dimensión de la vida, usted encontrará una contraparte de todo lo que existe en este mundo. "Como arriba, así abajo; como en el Cielo, así en la tierra".

COMO TRIUNFO SOBRE LA PERDIDA DE DOS HIJOS

Hace poco, platiqué con una mujer la cual me informó que había perdido a dos hijos en la guerra de Corea, uno tenía 19 años de edad y el otro 20. La noticia de su transición fue un golpe mental angustioso al principio, sin embargo, señaló que recuperó su compostura con rapidez al afirmar, en forma silenciosa, para sí: "El no es un Dios de los muertos, sino de los vivos: pues todos viven en El". Me miró con un extraordinario resplandor cuando preguntó: "¿Sabe cómo me sentí?" Sus palabras fueron articuladas con lentitud y con una calma majestuosa, y agregó: "De repente, sentí una oleada de paz interior en mi corazón, y todo sentimiento de dolor desapareció. Comprendí y tuve la sensación de que estaban vivos y pude sentir su presencia y contacto amoroso. Fue una experiencia maravillosa".

Esta mujer manifestó que sus hijos habían sido muy religiosos y que estaban llenos de amor, dicha y vitalidad, y continuó: "Estoy consciente de que Dios es justo y de que Dios es bueno y comprendo que mientras es cierto que los extraño, también lo es que están construyendo otro hogar para ellos mismos en la siguiente dimensión, donde tienen cuerpos nuevos y nuevas tareas que realizar. Me pregunté a mí misma: '¿Cómo puedo ayudarlos?' La respuesta fue inmediata: 'Debes orar por ellos'. Oré y razoné de la siguiente manera: 'Dios, la Fuente de toda la vida me prestó a mis hijos. Sabía que no podía tener a mis muchachos eternamente, y que algún día me dejarían, se casarían y tal vez se irían a otra ciudad o a algún país extranjero. Mientras estuvieron conmigo los adoré, les dí todo lo que pude en lo que se refiere a amor, fe, confianza y creencia en Dios. Ahora, mi misión es ayudarlos a construir un nuevo hogar, e irradio amor, paz y dicha hacia ellos. La luz, amor, verdad y belleza de Dios fluyen en su interior; Su paz llena sus almas. Me regocijo por su viaje hacia adelante, pues la vida es progresión. Cada vez que pienso en ellos, digo: 'Dios está con ellos, y todo está bien".

Esta oración que repitió varias veces al día durante algunas semanas, le proporcionó una sensación completa de paz y tranquilidad. Al ayudar a sus hijos por medio de sus oraciones, ella se ayudó a sí misma.

COMO ORAR POR LOS LLAMADOS MUERTOS

Dar "el aceite de la dicha para los que están de luto" se interpreta de la siguiente manera: Debemos enseñarles a todos los hombres que nunca deben lamentar ni llorar la muerte de los seres queridos. Al irradiar las cualidades de amor, paz, y dicha hacia la persona que ha pasado a la siguiente dimensión, oramos en forma correcta por el ser querido. Lo estamos elevando en conciencia. Esto es dar, en realidad, "el aceite de la dicha para los que están de luto". Nos regocijamos por su nuevo cumpleaños, pues sabemos que la Presencia de Dios está donde él se encuentra. Donde está Dics, no puede existir maldad. Con el propósito de orar por los llamados muertos, debemos comprender que los seres queridos que se han marchado moran en un estado de belleza, dicha y amor; de esa manera, los elevamos, porque sienten nuestras oraciones y por lo tanto, son bendecidos. Les brindamos felicidad por medio de nuestra oración sincera. En lugar de sentir que están muertos y se han ido, y que su ser se encuentra en la tumba, debemos verlos con ánimo interno, en sus moradas en un estado de belleza indescriptible. Nunca debemos reflexionar sobre carencias, limitaciones o pesares.

COMO UN ACTOR ENJUGO TODAS LAS LAGRIMAS

En Nueva York, conocí a un actor que había recibido un cablegrama con la noticia de que su esposa y sus tres hijos habían muerto en India. Dicha noticia llegó sólo diez minutos antes de la función; él tenía que cantar, bailar y contar chistes. Manifestó: "Tuve que esforzarme a pensar sobre Dios y Su amor; sabía que el péndulo de la vida tenía que oscilar hacia la dirección contraria, de inmediato. Empecé a afirmar que Dios me daría fuerza y poder, y que ese día presentaría la mejor actuación de mi vida. De alguna manera, sabía que eso era lo que mi esposa e hijos hubiesen querido; conforme corrían las lágrimas por mis mejillas, recordé a Dios y afirmé que El me ayudaba y enjugaba mis lágrimas. Ofrecí una oración para mis seres queridos y afirmé que El los llevó cerca de las aguas tranquilas y que Su amor estaba ahí con ellos".

Indicó que su corazón se estaba partiendo, sin embargo, elevó su voz en canción triunfante y bailó como nunca lo había hecho, el público le aplaudió una y otra vez; señaló que fue la emoción más grande de su vida. Sintió a Dios con él en todo momento. De la profundidad de su dolor se esforzó a pensar en Dios y en Su bondad, y Dios respondió. Invocó al poder más grande que conocemos; este poder se hizo cargo en forma milagrosa; lo elevó y le suministró fuerza; volvió sus ojos hacia arriba para buscar una solución.

"De lo profundo, oh Jehová, a ti clamo. Señor oye mi voz; Estén atentos tus oídos a la voz de mi súplica". (Salmos 130:12,2).

COMO UNA MUCHACHA DE TRECE AÑOS SE SOBREPUSO A LA TRAGEDIA DE LA MUERTE DE SU PADRE

Hace algunos años, asistí a las pompas fúnebres de un hombre que murió de repente a los cincuenta años de edad. Este hombre tenía una hija de trece años de edad; su esposa había pasado a mejor vida cuando la niña nació. La hija manifestó: "Mi papá siempre dijo que la muerte era un camino hacia adelante, y antes de morir expresó: 'Ora por mí y yo siempre oraré por tí y te cuidaré'". Me sorprendí y estuve encantado cuando la oí comentar: "Yo sé que mi papá escuchó cada palabra que usted pronunció. Lo ví claramente, él sonrió. Comprendo que no quiere que lleve luto, llore o esté triste por él; quiere que sea feliz; no le debo a mi padre lágrimas o dolor, sino lealtad, amor y devoción a las verdades que me enseñó; y debo ser alguien".

Se había sobrepuesto, en su corazón, a la tragedia de la llamada muerte y no sufrió demasiado. Tenía el sentido de compañerismo Divino, lo cual la confortaba, además de un conocimiento espiritual de los principios de un amor feliz y constructivo, de afabilidad, crecimiento, confianza, amabilidad, un sentido de confianza en las leyes de Dios y Su amor por todos sus hijos.

COMO TRIUNFAR SOBRE LA MELANCOLIA Y LA SOLEDAD

Al igual que esta jovencita, usted puede elevarse sobre su melancolía, desaliento y miseria. Elévese sobre éstos y sálvese ahora; abandone su pozo de dolor, pesar y soledad por medio del énfasis en las cualidades de amor, amistad, confianza, fe y actividades fructíferas en usted mismo, además debe poseer un deseo intenso de aumentar su capacidad de amor y de brindarle al mundo sus talentos. Conforme usted proyecta estas cualidades, aunque aún continúe la soledad y el dolor, usted estará construyendo otra casa en su mente, en la cual morará en el futuro, si usted no desmaya y sigue con su fe en El, porque "El no te fallará". Sobrelleve su problema actual a medida de que ora por el estado futuro, porque la gran dicha se encuentra ante usted.

¿DONDE SE ENCUENTRAN LOS LLAMADOS MUERTOS?

Me he encontrado en la cabecera de muchos hombres

y mujeres durante su transición. Nunca he visto a ninguno mostrar señales de temor; instintiva e intuitivamente, sienten que están entrando en una dimensión más grande de la Vida. Se escuchó a Thomas Edison comentarle a su médico, antes de morir: "Es muy hermoso por allá". Todos tenemos cierto recelo natural en lo que se refiere al estado de nuestros seres queridos después de que salen de este plano de vida. Debemos comprender que viven en otra mansión de la casa de nuestro Padre, y están separados de nosotros únicamente por una frecuencia más alta. Todos los llamados muertos nos rodean y ya no debemos creer que están muertos y que se han marchado; viven en Dios con la vida de Dios. Los programas de radio y televisión llenan el cuarto donde usted vive, aunque usted no los puede ver ni escuchar sin un instrumento. El hombre se encuentra bajo el hechizo hipnótico de la creencia en la muerte; pero cuando permita que la escala de las creencias falsas de los siglos caiga de sus ojos, comprenderá que tiene una existencia más allá del tiempo y el espacio, como nosotros los conocemos, y verá y sentirá la presencia de aquellos a los que ahora llama "muertos".

FUE DECLARADO MUERTO Y VIVIO FUERA DEL CUERPO DURANTE TRES DIAS

Yo considero a la muerte como un cumpleaños en la cuarta dimensión, donde nos trasladamos de una mansión a otra en escala ascendente. Hace aproximadamente 36 años, sufrí de una grave enfermedad y estuve inconsciente durante alrededor de tres días. Todo ese tiempo estuve fuera de mi cuerpo y hablé con parientes que se habían ido, hace mucho, de la faz de la tierra; los reconocí claramente. Sabía que tenían un cuerpo, pero éste era diferente, con poderes que me permitían pasar a través de puertas cerradas; y cada vez que pensaba acerca de cualquier lugar como Londres, París o Bélgica, donde estaba mi hermana, era transportado ahí en forma instantánea, y podía ver y escuchar todo lo que sucedía. En la siguiente dimensión conversé con amistades y seres queridos; sin embargo no utilicé un idioma, todos se comunicaban por medio de pensamientos. No existían fronteras; todo parecía estar vivo y no tuve sentido del tiempo. Me sentí libre, alabado y en éxtasis total. Ví cuando el doctor entró al cuarto donde se encontraba mi cuerpo y escuché que declaraba: "Está muerto". Sentí que tocaba mis ojos y probaba mis reacciones y traté de informarle que estaba vivo, pero él no parecía saber que yo estaba ahí. Lo toqué y manifesté "Déjeme en paz, no quiero regresar", pero no hubo un reconocimiento perceptible de mi voz o de que lo toqué. El doctor me inyectó lo que parecía ser un estimulante, de algún tipo, del corazón. Yo estaba furioso, no quería regresar, el estado trascendental era tan hermoso; empezaba a disfrutar de mis nuevas amistades, estudios y la siguiente dimensión. Me estaban reviviendo, sentí cómo regresé a mi cuerpo como si volviera a un cuerpo dormido. De repente, todo parecía desaparecer y sentí que me encontraba en una prisión. Cuando desperté, sufría de conmoción, sin duda alguna, debido al enojo que expresé en el cuerpo cuatridimensional antes de entrar en su contraparte tridimensional. Hasta donde comprendo, había experimentado lo que el mundo llama muerte y de acuerdo con nuestro sentido del tiempo, estuve inconsciente durante 72 horas. Cuando se dice que estamos muertos, tan sólo estamos funcionando en una dimensión más alta de la mente.

LA MUERTE ES VIDA A UNA VIBRACION MAS ALTA

Ahora, vivimos en la cuarta dimensión; en realidad, vivimos en todas las dimensiones porque vivimos en Dios que es Infinito. Sus seres queridos que han pasado a mejor vida, siguen sus vidas exactamente donde estamos nosotros, pero a una frecuencia más alta de vibración. Es posible tener un ventilador en su cuarto girando a una velocidad tan alta que parece invisible. De la misma manera, podemos enviar 50 voces diferentes a través de un cable, y la razón por la que no interfieren una con otra radica en que las frecuencias son diferentes. Los programas de radio y televisión no se interrumpen o chocan con otros porque tienen diferentes longitudes de onda. Nosotros interpenetramos todos los planos, y nuestro viaje es siempre hacia adelante, hacia arriba y hacia Dios.

Nunca lo tocó la muerte,
Espíritu nunca tendrá fin;
Nunca dejo de existir; ¡fin y
Principio son sueños!
Perdura el Espíritu para siempre
Sin nacimiento ni muerte ni forma;
Nunca nació el Espíritu; el
¡Aunque muerta parece estar su morada!
No, pero como quien se despoja
De sus vestidos desgastados,
Y al tomar unos nuevos, dice:
"¡Estos me pondré hoy!"
Así muda el Espíritu
Gentilmente su vestidura de carne,
Y pasa a heredar
Una nueva residencia.

Canción Celestial

HERRAMIENTAS ESPIRITUALES DE SUPERACION

1. Comprenda que usted vive eternamente. La vida no tiene principio, y la vida no tiene fin. Usted vive con la vida de Dios.
2. La muerte no existe. Cuando los hombres lo declaran muerto usted está funcionando, en realidad, en un cuerpo cuatridimensional.
3. Todo fin es un principio, y cuando la vida en este plano ha terminado, empieza una vida nueva.
4. El hombre no se lleva su cuerpo; se pone un cuerpo nuevo esotérico y atenuado. El hombre nunca estará sin cuerpo.
5. Usted volverá a encontrar a sus seres queridos. El amor atrae y tendrán una reunión dichosa.
6. Cuando usted se queda dormido por la noche, usted no está consciente del tiempo como lo conocemos

en este plano. No existen los relojes en la siguiente dimensión de la vida.

7. Nuestros seres queridos no pueden permanecer con nosotros eternamente, y cuando nos dejan, debemos desearles buen viaje.

8. Nunca debemos lamentar ni llorar la muerte de los seres queridos. Debemos regocijarnos por su nuevo cumpleaños en Dios, de esta manera los ayudamos en su viaje hacia adelante.

9. Debe orar por sus seres queridos, con la comprensión de que el amor de Dios está con ellos y que El los lleva hacia aguas tranquilas.

10. Usted no les debe a sus seres queridos lágrimas y dolor. Les debe amor, libertad, dicha y todas las bendiciones del Cielo.

11. Abandone el pozo del dolor, pesar y soledad poniendo énfasis en las cualidades de amor, amistad, confianza y una mayor capacidad de amor en usted mismo.

12. Comprenda que sus seres queridos viven en otra dimensión de las muchas mansiones de la casa de nuestro Padre. Se encuentran separados de nosotros únicamente por una frecuencia más alta.

13. Los programas de radio y televisión llenan su cuarto, aunque no los puede ver sin instrumentos. De la misma manera, los llamados muertos se encuentran a nuestro alrededor.

14. Cuando los hombres nos declaran muertos, tan sólo estamos funcionando en una dimensión más alta de la mente.

15. Vamos de gloria en gloria, y nuestro viaje es siempre hacia adelante, hacia arriba y hacia Dios.

LO UNICO QUE NO PUEDE TENER

6

En Denver, durante un seminario de verano sobre el *"Poder de Su Mente Subconsciente"* *, una mujer comentó: "Podría tener todo lo que quisiera con solo creer que lo tengo en mi mente". Le expliqué que lo único que no se puede tener en la vida es algo a cambio de nada, y que tendría que pagar el precio. Esta mujer había orado durante 10 años para curarse de un padecimiento de la piel, sin resultado alguno. Se había aplicado diversas lociones astringentes y otros medicamentos tópicos sin un alivio apreciable.

EL PRECIO QUE TUVO QUE PAGAR

Esta mujer nunca había pagado el precio y el precio de la curación es tener fe en la Presencia Infinita de Curación, pues *"de acuerdo con su fe, así le acontece"*. Fe es atención, devoción y lealtad al Unico poder Creativo, el Espíritu Viviente Todopoderoso que se encuentra en su interior, el cual creó todas las cosas. El precio que esta mujer tuvo que pagar fue reconocer el poder de Dios, aceptar su Presencia de Curación y tener la convicción de que la curación se realizaría.

Ella había proporcionado poder a lo externo con los siguientes comentarios: "Mi piel es sensible al sol"; "también, soy alérgica al clima frío"; "creo que este eczema en

* Prentice-Hall, Inc.; Englewood Cliffs, N.J., 1963

mi brazo se debe a la herencia"; "mi madre tuvo un padecimiento similar"; "es culpa de mis genes y de mis cromosomas".

Su mente estaba dividida; nunca había pagado el precio, el cual consistía en poner atención en Dios, obedecer Sus leyes, confiar en El y creer en El y que El la haría sanar.

LA ORACION FUE LA RESPUESTA

. Empezó a orar de la siguiente manera: "La Presencia Infinita de Curación que creó mi cuerpo y todos sus órganos conoce los procesos y funcionamientos de mi cuerpo. Afirmo, siento y comprendo en forma definitiva y absoluta que la grandiosidad y gloria infinitas de Dios se manifiestan en mi mente y en mi cuerpo. La integridad, vitalidad y vida de Dios fluyen por mi interior, y cada átomo de mi ser se transforma por medio de la Luz de Curación. Perdono a todos completa y libremente, y derramo vida, amor, verdad y belleza sobre todos mis familiares y parientes políticos. Sé que he perdonado a todos porque puedo ver a la persona en mi mente sin irritarme. Agradezco la curación que se lleva a cabo ahora, y comprendo que Dios responde".

Repitió esta oración lenta, calmada y reverentemente varias veces al día. Antes de que yo abandonara Denver me informó que tuvo lugar un cambio extraordinario en todo su ser mental y físico, y una curación completa se empezó a realizar ante sus ojos. Tuvo que pagar el precio, el cual consistió en estabilizar y preparar su mente para recibir el don de curación. Hasta ese momento, su lealtad estaba dividida en su mente, pues le daba poder a las dietas, al clima, a la herencia y a otros factores.

Empezó a comprender que el pensador científico no toma como causa al mundo o a cualquier cosa que se encuentre en éste. La causa de todo es el Espíritu. Dios es la Primera Causa y Todopoderoso y en el momento en que usted postula otro poder, está dividido en su mente, y su mente subconsciente no responde a una mente dividida y confundida. Si usted empieza a apretar los botones hacia arriba y hacia abajo en un elevador, éste no subirá ni bajará permanecerá donde se encuentra.

COMO AUMENTAR SU FE

La fe proviene de comprender las leyes de su mente y aplicarlas diligentemente en todos sus asuntos. Usted puede aumentar su fe de la misma manera como un químico aumenta sus conocimientos sobre la química, lo que le permite producir compuestos maravillosos para aliviar la miseria humana, además de eliminar la monotonía de la vida. Los científicos crecen, en forma gradual, en fe por medio de constantes investigaciones acerca de la Naturaleza y sus leyes, y logran cosas grandiosas.

El granjero tiene que depositar semillas en la tierra con el fin de obtener una cosecha; tiene que dar para recibir. Para que usted pueda recibir tiene que darle a su mente. Antes de que pueda recibir riquezas, debe imprimir en su mente subconsciente la idea de riquezas y cualquier cosa que se imprima con perseverancia, posteriormente es expresada en la pantalla del espacio.

LA ATENCION Y LA PERSEVERANCIA
PAGAN DIVIDENDOS

A Einstein le encantaban las matemáticas, y éstas le revelaron sus secretos. El universo y sus leyes lo absorbían y lo fascinaban. Estudió con atención, devoción y aplicación el tema del tiempo, espacio y cuarta dimensión y su subconsciente respondió revelándole los secretos de estas materias.

Edison experimentó meditó y explicó el principio de la electricidad. Tenía un intenso deseo de iluminar al mundo y servir a la humanidad, y la electricidad le entregó sus secretos. Pagó el precio por medio de perseverancia, tenacidad y confianza, pues comprendía que la respuesta llegaría. Pagó el precio de sus incontables inventos por medio de atención, interés, y dedicación total a su proyecto, puesto que sabía en su corazón y en su alma que había una inteligencia subjetiva que respondería. Seguía adelante, y su mente más profunda nunca le falló.

EL AMOR ES LA REALIZACION DE LA LEY

La autocondena y la autocrítica son las dos emociones más destructivas, las cuales generan veneno psíquico en todo su sistema y le roban vitalidad, fuerza y equilibrio, lo que resulta en debilidad general de todo el organismo. El amor es la realización de la ley de paz, armonía, salud y abundancia. Amor significa que lo que desea para sí mismo, es lo que debe desear a los demás. Cuando usted ama a otra persona, irradia paz y buena voluntad hacia ésta y se regocija por su éxito y felicidad.

Le indiqué a un músico que con el fin de sobresalir en su campo, debía orar de la siguiente manera: "Dios es un gran músico yo soy un instrumento y un canal de lo Divino. Dios fluye en mí como armonía, belleza, dicha y paz; Dios toca por medio de mí la melodía eterna de amor, y cuando yo toco, toco la melodía de Dios. Me llega la inspiración de lo alto y se producen ritmos majestuosos, los cuales me revelan la armonía eterna de Dios". En unos cuantos años se convirtió en un éxito extraordinario. El precio que pagó fue atención, reverencia y dedicación al Ser Eterno de quien todas las bendiciones fluyen.

ESTABA EN BANCARROTA
Y AHORA ES MULTIMILLONARIO

Un hombre que no puede solventar sus gastos debe pagar un precio, y dicho precio no es trabajo difícil, ni quemarse las pestañas sino edificar en la conciencia la idea de la riqueza.

El hombre posee todas las cosas por derecho de conciencia. Usted puede trabajar 14 ó 15 horas diarias, y si su mente no es productiva, su labor será en vano.

El Reino de Dios se encuentra en su interior. Esto significa que la Inteligencia Infinita, Sabiduría Ilimitada, y Todo el Poder de Dios se encuentran alojados en su mente más profunda. Las ideas infinitas de Dios están a su alcance, sólo si se pone en armonía y se regocija del hecho de que Dios le revela lo que necesita saber.

Un hombre que vivía cerca de mí hace aproximadamente cinco años, me contó que en 1950 estaba en bancarrota. Oró para pedir orientación y le pidió a la Inteligencia Creativa que le revelara el siguiente paso a seguir. Sintió un deseo abrumador de ir al desierto y mientras se encontraba ahí y reflexionaba, tuvo la idea de visitar a su suegro. Le informó sobre las enormes potencialidades que él preveía, y su suegro lo empleó como vendedor y promotor de la tierra desértica. En la actualidad, tiene su propia oficina y es multimillonario. La facultad de la intuición está en su interior; la respuesta salió de su interior.

LA RESPUESTA SE ENCUENTRA EN SU INTERIOR

El solo hecho de que usted desee una respuesta significa que la contestación ya se encuentra presente en el mundo mental y espiritual en el que vive, se mueve y tiene su ser. Dios es el donante y el don y el hombre debe aprender a recibir el don que Dios le otorgó: *"Antes de que llamen, responderé"*. La Inteligencia Infinita sabe la contestación y responde a sus pensamientos.

Hace algunos años, visité la Posada de Jasper Park en Alberta, Canadá. Una de las meseras tenía un problema muy complejo y le recomendé que esa noche, antes de dormir, entregara su petición a su mente subconsciente. Le habló a su mente más profunda de la siguiente manera: "Revélame la respuesta". Se quedó dormida con esta oración y al día siguiente recibió un telegrama de Ontario que resolvió su problema. El precio que pagó fue pensar acerca de la respuesta, sabedora de que había una solución. Le prestó atención a su mente más profunda y recibió la respuesta en la mañana. Primero tiene que hacer algo, luego llegará la contestación.

COMO REALIZAR SU DESEO

La Vida Universal habla a través de usted como un deseo ahora. Este Principio de la Vida le revelará la forma de realizar su sueño. Sabe cómo hacerlo suceder, pero usted debe abrir su mente y su corazón para recibir el don de Dios

Elimine de su mente todas las nociones preconcebidas, creencias falsas y supersticiones, y comprenda: "Todas las cosas están listas si la mente lo está". Esto significa que usted debe ordenar su mente y sus pensamientos para que concuerden con la verdad eterna de que cualquier cosa que usted busca ya subsiste en la Mente Infinita. Todo lo que tiene que hacer es identificarse mental y emocionalmente con su deseo, idea, plan o propósito y comprender que es tan real como su mano o su corazón.

Conforme camina por la tierra con la suposición de que su oración tendrá respuesta, usted tendrá la dicha de experimentar su realidad en forma objetiva. El invento es tan real en la mente de su inventor como su contraparte objetiva. Esta es la razón por la que su deseo o proyecto nuevo también es real, hablando de manera subjetiva.

COMO SE CONVIRTIO EN GRAN BAILARINA

Ví a una muchacha que bailaba en la Posada de Jasper Park; se podía observar con facilidad cómo fluía la sabiduría, inteligencia, orden y ritmo del Todopoderoso en su interior. Bailaba para Dios; recibió un aplauso estruendoso por un trabajo bien hecho. Ella merecía los elogios y las alabanzas que recibió; bailó graciosa, gloriosa y rítmicamente. Comentó que su maestro le había indicado que siempre debía orar para que Dios bailara en ella y Su belleza, orden, proporción y sabiduría siempre funcionaran en ella. La lucha, el trabajo arduo y la fatiga no son la respuesta; reverenciar a Dios y ponerse en contacto con Su poder son la respuesta.

COMO LOS COPOS DE NIEVE LE PROPORCIONARON RIQUEZA A HENRY HAMBLIN

El finado Henry Hamblin, de Inglaterra, me contó que un día que tenía problemas económicos, mientras caminaba hacia su casa en la nieve, de repente, se percató de que la riqueza, amor y bendiciones de Dios eran como los billones de copos de nieve que caían sobre Londres. Manifestó: "En ese momento abrí mi mente y mi corazón a las riquezas infinitas de Dios, pues sabía que Su riqueza, amor e inspiración caían sobre mi mente y sobre mi corazón como los copos de nieve que caían sobre Londres". A partir de ese momento, la riqueza fluyó hacia él libre, dichosa e infinitamente. Nunca le faltó riqueza durante toda su vida. Cambió su forma de pensar, y de acuerdo con su conciencia así le aconteció. Londres y sus alrededores no habían cambiado; él había cambiado en su interior y se convirtió en instrumento para las riquezas de la vida, espiritual, mentalmente y en todas formas.

No se puede obtener algo a cambio de nada.

"Reconócelo en todos tus caminos, y él enderezará tus veredas. Ten fe en El y cree en El, y El hará que suceda". (Proverbios 3:6).

SIRVASE DE LA ATENCION Y DEL PODER DE SU MENTE

1. No puede obtener algo a cambio de nada.
2. El precio que paga por curarse es tener fe en la Presencia Infinita de Curación puesto que: *"de acuerdo con su fe, así le acontece".*
3. Usted sabe cuando ha perdonado a todos, porque usted puede verlos en su mente sin irritarse.
4. El pensador científico no hace que las cosas externas sean las causantes; comprende que éstas son efectos, no causas.
5. Usted aumenta su fe conforme aprende cada vez más acerca de la interacción de su mente consciente y subconsciente.

6. Perseverancia, tenacidad y confianza en el resultado pagarán dividendos fabulosos.
7. Cuando usted ama a la otra persona, en realidad, se regocija por su éxito, felicidad y bienestar general.
8. Su mente debe ser productiva; de otra manera, su labor será en vano.
9. La Inteligencia Infinita que se encuentra en su interior sabe la respuesta, y su naturaleza es responder a su pensamiento.
10 Identifíquese mental y emocionalmente con su deseo y camine con la suposición de que su oración será contestada, y así acontecerá.
11. La lucha, el trabajo arduo y la fatiga no son la respuesta a los grandes logros. Reverenciar a Dios y ponerse en contacto con Su poder son la respuesta.
12. Póngase en armonía con el Infinito, y entonces se convertirá en instrumento para las riquezas de la vida en forma espiritual, mental y en todas formas.

COMO ORAR EN FORMA MAS EFECTIVA

7

"Por tanto, os digo que todo lo que pidiéreis orando, creed que lo recibiréis, y os vendrá. Y cuando estéis orando, perdonad, si tenéis algo contra alguno, para que también vuestro Padre que está en los cielos os perdone a vosotros vuestras ofensas". (San Marcos 11;24, 25).

Durante una serie de conferencias que impartí en Town Hall, Nueva York en mayo de 1963, un hombre me pidió una entrevista, durante la cual manifestó que no podía encontrar un empleo en ningún lado; llevaba seis meses sin trabajo. Este hombre creía que no podría conseguir empleo; tenía esposa y tres hijos. Pensaba que era un fracaso en la vida y le temía al futuro. Le hablé de la siguiente manera: "Usted posee maravillosos conocimientos y tiene talentos únicos; definitivamente lo necesitan en el mundo de los negocios, y sólo necesita usted cambiar su forma de pensar del lado negativo de la vida al lado constructivo. Debe tener fe en sus poderes interiores y en su capacidad y experiencia y toda su vida cambiará. No existe desadaptado alguno en este universo; hay lugar para todos. A usted lo necesitan y lo requieren; no está vendiendo su edad ni su cabello gris; sino sus talentos, habilidades y la experiencia que ha acumulado a través de los años. Lo que usted está buscando, lo está buscando a usted. Existe alguien que lo necesita tanto como usted necesita el empleo. Crea ahora que la sabiduría subjetiva de su mente subconsciente lo dirigirá y lo orientará hacia la oportunidad adecuada. Acepte el hecho de la orientación ahora, y la puerta se abrirá. La vida lo creó con un propósito y debe aceptar su papel en ésta; crea que está recibiendo orientación ahora y la recibirá".

Después de este coloquio, le redacté una oración especial y le indiqué que la repitiera lentamente, en voz alta, y tuviera fe en todas las palabras. Le expliqué que "tener fe" significa aceptar algo como cierto. La oración fue la siguiente: "Comprendo que existe una ley perfecta de oferta y demanda; instantáneamente estoy en contacto con todo lo que necesito. Recibo orientación para dirigirme al lugar adecuado ahora. Brindo mis talentos en forma maravillosa; llevo a cabo lo que más me gusta y recibo un magnífico ingreso que concuerda con la integridad y la honestidad".

Cuando este hombre se retiró, su actitud era diferente; ya no sentía que su problema no tenía solución, sino que tenía fe en que sí se resolvería. (*"Creed que recibiréis..."*).

Me telefoneó al Hotel Algonquin, donde me hospedo cuando doy conferencias en Nueva York, para informarme: "Fui orientado al lugar correcto, pronuncié las palabras adecuadas e impresioné magníficamente a la persona que me entrevistó; me empleó de inmediato". Este hombre descubrió los enormes beneficios que todos acumulamos, conforme aprendemos a orar en forma más efectiva.

SU PENSAMIENTO ES SU ORACION

Cuando se habla desde un punto de vista general, cada pensamiento y sentimiento es su oración; en sentido específico, la oración es un contacto consciente con la Inteligencia Infinita que se encuentra en su interior. Una oración efectiva debe basarse en la suposición espiritual de que existe una Inteligencia Suprema en nuestro interior, la cual se convierte en lo que deseamos, hasta el grado en que aceptamos esto como cierto. La oración efectiva es una actitud afirmativa y sostenida de la mente que resulta de una convicción. Una vez que su deseo se acepta por completo en forma subconsciente, funciona de manera automática como parte de la Ley Creativa. La prueba real para saber

86

si usted ha llegado a una convicción está en que su mente acepte la idea en forma total y no pueda concebir lo contrario. Usted debe creer lo que quiere creer, y cuando lo hace, en realidad, lo imprime en su mente subconsciente; entonces ésta responderá en consecuencia.

LA ORACION EFECTIVA EXIGE PERDON

Una atractiva joven de negocios me consultó en busca de consejo. Tenía un complejo suicida y manifestaba que estaba agotada, aburrida y sentía odio por la vida, y que ya no le quedaba razón por la cual vivir.

Contó que cuando estaba embarazada, su marido la había abandonado y se había escapado a Canadá con una jovencita. Había tenido que luchar para solventar los gastos; tenía que encargarse del negocio y al mismo tiempo, tenía que dedicar tiempo a la educación de su hija. Su marido nunca le envió dinero; en realidad, él se había fugado con todo el dinero que tenían en su cuenta mancomunada y además se había llevado su anillo de diamantes

Nunca había recibido nada de él, sin embargo, sus amistades le contaron que había obtenido el divorcio en Nevada y en la actualidad, estaba en Canadá, casado con la joven con quien se había escapado.

La mente y el corazón de esta mujer estaban corroidos y estaba llena de amargura, resentimiento y una profunda hostilidad. Indicó: "Otras mujeres a mi alrededor están casadas y son felices y tienen esposos amantes, sin embargo, la vida me pasa por talto; estoy envejeciendo; me siento triste a causa de la soledad; todo es tan injusto".

Le señalé a esta mujer que estaba atada a su exesposo por medio de ligaduras de odio, resentimiento y profunda hostilidad. "Por esta razón tiene un complejo de culpabilidad, lo que resulta en autocastigo y temor hacia el futuro. Usted aún no está lista para casarse. En la Biblia está escrito: 'Cuando estéis orando, perdonad...' Debe liberarlo y perdonarlo por completo, sin tomar en cuenta lo que le ha hecho. Esto la liberará del sentimiento de culpa, y odio a sí mismo, las causas de su impulso suicida. Trate de bendecirlo y orar por él".

Decidió orar, con frecuencia, de la siguiente manera: "Libero a mi exmarido por completo; lo perdono completa y libremente, y con sinceridad, le ·deseo amor, paz, dicha y felicidad junto con su esposa actual. Me regocijo por su éxito y bienestar, y le deseo salud, prosperidad y paz interna. Le deseo todo lo que me deseo a mí misma. Lo digo de corazón, soy sincera y franca. Comprendo que mi mente subconsciente se impregna ahora de estas verdades, las cuales afirmo. Ya no siento irritación en mi corazón; el amor de Dios la ha disuelto y estoy libre".

Aproximadamente tres semanas después, recibí una carta de ella, en la que escribió:

"¡Sucedió un milagro! He orado, de acuerdo con su fórmula, por el bien de mi exmarido. Me telefoneó de Quebec, Canadá, y preguntó por nuestra hija, a quien nunca ha visto. Manifestó que ha estado preocupado y apenado estas útlimas semanas por su comportamiento tan despreciable para conmigo y por no haber contribuido en forma alguna al mantenimiento de la niña. Me envió un cheque por $ 6,000 dólares y además prometió correr con todos los gastos de la educación universitaria de mi hija. ¡todo parece un sueño!"

Esto no fue un "milagro", fue el resultado de una oración efectiva. Ella se liberó de toda hostilidad y resentimiento y lo liberó y perdonó a él por completo. Siguió el precepto: *"Cuando estéis orando, perdonad"*. Su mente subconsciente respondió al acto de perdón.

En unos cuantos meses, todo el panorama cambió; el abogado de esta mujer le propuso matrimonio y tuve el gran privilegio de conducir la ceremonia. No había duda en su mente de que esto fue una ley Divina de atracción, y aprendió que la oración efectiva paga dividendos fabulosos, puesto que ellos son ideales, compatibles y armonizan el uno con el otro.

SU MENTE SUBCONSCIENTE
TIENE "EL CONOCIMIENTO"

Existe una Inteligencia Infinita que funciona en su mente subconsciente, la cual responde a los pensamientos de su mente consciente e imaginación. Usted debe tomar una decisión definitiva en su mente consciente; debe decidir lo que quiere saber y luego confiar en que su mente más profunda le responderá. Cuando usted entrega su petición a su mente subconsciente, debe hacerlo con la convicción absoluta de que ésta tiene el "conocimiento" para realizarla y que responderá en consecuencia a la naturaleza de su petición.

La Biblia dice: *"Pedid, y se os dará; buscad, y hallaréis; llamad, y se os abrirá. Porque todo aquel que' pide, recibe; y el que busca, halla; y el que llama, se le abrirá. ¿Qué hombre hay de vosotros, que si su hijo le pide pan, le dará una piedra? ¿O si le pide un pescado, le dará una serpiente?"* (San Mateo 7:7-10).

Aquí la Biblia indica que cuando pide pan, no recibirá una piedra sino más bien la encarnación de su petición. Debe seguir pidiendo, buscando y llamando hasta recibir una respuesta de su mente subconsciente. Debe tener entusiasmo y sentir y comprender que existe una solución para cada problema, una manera de resolver todo dilema y que no existen padecimientos incurables, puesto que para Dios todo es posible.

COMO ENCONTRO UN ANILLO DE DIAMANTE
QUE HABIA PERDIDO

A continuación doy un ejemplo de cuan efectivamente funciona la oraci⁴ Una dama en Los Angeles perdió un bello anillo de diamante y estuvo muy preocupada durante cierto tiempo. Se preguntó a sí misma: "¿Cuál es la verdad sobre este anillo?" Y se contestó: "Nada se pierde en la Mente Infinita. Mi mente subconsciente sabe donde se encuentra el anillo y me lleva al lugar donde se encuentra". Después de algunos minutos sintió deseos de regresar a la parada del autobús en la esquina de Wilshire Boulevard y Lucerne, y encontró el anillo en la calle, cerca de la entrada al autobús. Aparentemente, lo perdió cuando buscaba cambio para pagar dicho autobús. La verdad la liberó de la preocupación.

Para orar en forma efectiva, debe cambiar su forma de pensar para que concuerde con las verdades eternas de Dios, que nunca cambian. Usted no pide, ni suplica, ni implora, sencillamente reorganiza su mente y se alinea con la verdad.

COMO RECUPERAR SU PERDIDA FINANCIERA

Recientemente, un hombre de negocios perdió $15,000 dólares pues un estafador lo convenció de que invirtiera en una mina inexistente. Demasiado tarde, descubrió que las acciones que había recibido no tenían valor alguno. El hombre había desaparecido y las autoridades aún no lo han encontrado.

Este hombre de negocios recordó ciertas verdades básicas fundamentales que había aprendido, es decir, que no se puede experimentar la pérdida a menos que acepte y reconozca en su mente lo que perdió. Además, había decidido que todas las cosas están presentes en la Mente Infinita y que lo que había decretado y creído que era cierto determinaría el resultado. Con sentimiento y conocimiento afirmó de la siguiente manera:

"No he perdido nada. Me identifico mental y emocionalmente con el dinero que le proporcioné a ...., y mi mente recupera mi dinero en Orden Divino".

Repitió esta oración, con frecuencia, y en poco tiempo recuperó el dinero en Orden Divino, por medio de otra inversión.

LINDBERGH ORO EN FORMA EFECTIVA

Charles Lindbergh sabía cual era el valor de orar en forma efectiva. Casi todo mundo ha leído artículos en los periódicos acerca de su famoso vuelo a París. Atra-

90

vesó el Océano Atlántico sin llevar copiloto, ni radio, ni paracaídas, llevando únicamente un compás. En el avión se quedó dormido con los ojos abiertos y experimentó los poderes más altos de su mente subconsciente, la cual rige, gobierna y controla su mente y su cuerpo, los cuales dirigieron el vuelo y lo estimularon cuando era necesario.

Lidbergh, en este estado, donde su mente consciente y que razona estaba suspendida en sueño, estuvo consciente de unas formas vagas y transparentes que viajaban con él. El manifestó: "Mi cráneo es un ojo enorme". Estos seres cuatridimensionales parecían fantasmas y eran cordiales; hablaban con cualidades humanas y le proporcionaron información extraña sobre la navegación y lo tranquilizaron y lo alentaron durante todo el trayecto. Estas "personas" cordiales no tenían cuerpos rígidos, sin embargo, tenían la forma humana.

Esta experiencia ilustra el enorme poder que se encuentra en la profundidad de su mente y también que cuando confía en su subconsciente por completo, siempre tendrá una solución.

Lindbergh no podía llevar un registro del vuelo o enfocar su atención en la ruta, sin embargo, cuando despertó vio que estaba cerca de Irlanda y se encontraba pocas millas fuera de su curso. Este episodio en la vida de uno de los aviadores más famosos del mundo le debe dar fe y confianza en el poder que se encuentra en su interior, el cual realiza milagros.

COMO TRIUNFO SOBRE LA DISCORDIA

Si existe discordia en su hogar u oficina, afirme que Dios es armonía absoluta y que Su armonía reina en forma suprema en su mente y en la de la otra persona o personas. Continúe con su oración hasta que amanezca y las sombras huyan; con esta oración obtendrá resultados. Reorganice todos sus pensamientos, imaginación y respuestas del lado de la paz y la armonía. Si usted observa odio en el otro, practique estar consciente de que el amor de Dios disuelve todo lo que no se le asemeje en la mente y en el corazón de esa persona. Eso sería una oración efectiva. Lo que es verdad en Dios, es verdad en usted, y comprender esto es la verdad que lo libera.

Si usted no sabe cual es la solución a un problema complejo, afirme que la sabiduría de Dios le revela la respuesta y la recibirá.

LA CURACION DE TODOS SUS PROBLEMAS

Dios es el nombre de lo más alto y de lo mejor en su vida, y de los principios de la vida, y de la forma en que sus mentes consciente y subconsciente funcionan. Donde vive el amor, la paz, y la armonía y la dicha de Dios no existe ni maldad, ni daño, ni enfermedad. La curación de todos sus problemas es practicar la presencia de Dios, que significa llenar su alma con el amor, la paz, y el poder de Dios. Si usted cree en enfermedades, miseria y fracasos que lo aflijen, siempre obtendrá las reacciones de su propia creencia.

TOCO EL BORDE DEL MANTO

Se encuentra una maravillosa historia en el capítulo octavo de San Lucas acerca de una mujer que padecía de flujo de sangre, desde hacía 12 años (probablemente cáncer), y a quien no podían curar los médicos de ese tiempo. La Biblia dice que ella se abrió camino entre la multitud y tocó el borde del manto de Jesús y se curó.

En el idioma psicológico de la Biblia, esto significa que todo hombre y mujer que es sincero y persevera, se abre camino entre muchas opiniones, creencias falsas y temores en su mente, las cuales obstaculizan la curación y cuando se hacen a un lado y se entrega uno de todo corazón a Dios, llega la solución. La mujer en la Biblia se entregó a sí misma, por completo, a la Presencia de Dios y confió en El totalmente. Dios respondió proporcionándole su Presencia de Curación, y ella sanó.

¿RECONOCE USTED A DIOS?

¿Reconoce usted a Dios y Su poder curativo? Escuché a un gerente de ventas, hace poco, cuando le daba instrucciones a sus empleados. Indicó que lo primero que tenían que hacer es encontrar un cliente en perspectiva; el segundo paso a seguir es conseguir su interés y su atención; el tercer paso a seguir es ganar su confianza y crear un deseo; y el cuarto paso a seguir es comprender que ya se llevó a cabo, lo que cierra la venta!

¿Reconoce usted a Dios? ¿Cree implícitamente que Dios o la Inteligencia Infinita que se encuentra en su interior lo puede curar, resolver sus problemas, ponerlo en el camino fácil a la felicidad y paz mental? Si es así usted reconoce a su Ser Más Alto o Dios. Su Ser Más Alto es su cliente en perspectiva; préstele atención a Dios y a Su amor; crea que el Dios que lo creó lo puede curar. Sea sincero y franco y proporciónele a Dios todo el poder, lealtad y devoción. Usted no le debe otorgar lealtad o reconocimiento a ningún otro poder. Entonces, y sólo entonces, usted reconoce a Dios.

Empiece a usar su mente en forma correcta ahora; no le brinde poder a cualquier cosa que no sea el Espíritu Todopoderoso y Viviente que se encuentra en su interior. Entonces, será como la mùjer con el flujo de sangre, quien se abrió camino entre la creencia de la mente de la raza y en forma mental y emocional tocó la Presencia de Dios, lo que dió como resultado una curación instantánea.

LOS CUATRO PASOS A SEGUIR PARA ORAR EN FORMA EFECTIVA

El primer paso a seguir es ser fiel, devoto y leal por completo a la única presencia y al único poder, Dios. Este poder se encuentra en su interior. Creó su cuerpo y lo puede curar. El segundo paso a seguir es negar el poder definitivo, absoluta y completamente a cualquier cosa externa o a cualquier otro poder que no sea Dios.

Usted no le otorga poder a un mundo extraordinario o a cualquier persona, lugar o cosa.

El tercer paso a seguir es que cualquiera que sea el problema, dificultad o enfermedad, aléjese de éste y afirme con sentimiento y conocimiento: "Dios existe y Su presencia curativa fluye por mi interior ahora, y así cura, vitaliza y activa todo mi ser. Dios fluye en mí como la respuesta, como la acción correcta, y como la libertad Divina".

El cuarto paso a seguir es agradecer la solución feliz; regocijarse y decir: "Padre Te agradezco la respuesta perfecta y comprendo que Dios está en acción ahora. He tocado mentalmente el borde de Su Manto, y he identificado con precisión toda la reacción del poder y la presencia de Dios. ¡Es maravilloso!"

COMO ORAR CUANDO ESTE ENFERMO

Debe volverse hacia el Dios que mora en su interior y recordar Su paz, armonía, integridad, belleza, amor infinito y poder ilimitado; comprenda que Dios lo ama y lo cuida. Conforme usted ore de esta manera, el temor se desvanecerá gradualmente.

Si usted ora por un padecimiento cardiaco, no piense en el órgano como si estuviese dañado, puesto que éste no sería un pensamiento espiritual. Los pensamientos son cosas; su pensamiento espiritual tiene la forma de células, tejidos, nervios y órganos. Pensar en un corazón enfermo o en presión sanguínea alta tiende a sugerir más de lo que usted ya padece. Deje de reflexionar sobre síntomas, órganos o cualquier parte del cuerpo.

Vuelva su mente hacia Dios y Su amor; sienta y comprenda que únicamente existe una presencia de curación y poder y su corolario: "No existe poder alguno que pueda retar la acción de Dios". Afirme en forma tranquila y amorosa que el poder de la Presencia de Curación que lo eleva, lo cura y lo fortalece, lo sana totalmente. Debe saber que la armonía, belleza, y vida de Dios se manifiestan en usted como fuerza, paz, vitalidad, belleza, integridad y acción correcta. Comprenda esto en forma clara y el corazón dañado o cualquier otro padecimiento se curará en la Luz del amor de Dios.

"Glorificad a Dios en vuestro cuerpo" (I Corintios 6:20).

ALGUNOS CONSEJOS UTILES

1. Crea que recibe orientación ahora, y la recibirá.
2. Cada pensamiento y sentimiento es su oración.
3. La oración efectiva es una actitud afirmativa y sostenida de la mente que resulta de una convicción.
4. Perdonar es desearle al otro con sinceridad lo que se desea a sí mismo. Deséele armonía, salud, paz, y todas las bendiciones de la vida.
5. La fe debe estar basada en la comprensión de que cuando usted llama a la Inteligencia Infinita, cuya naturaleza es responder, definitivamente recibirá una respuesta.
6. Siga pidiendo, buscando y llamando y su mente subconsciente responderá con toda seguridad.
7. Su mente subconsciente sabe dónde se encuentra el artículo perdido. Llámela y responderá.
8. Usted no puede experimentar pérdidas a menos que acepte en su mente que lo perdió.
9. Cuando confíe en el poder de su mente subconsciente, siempre obtendrá respuesta.
10. El indicador de la presencia de Dios en usted es la presencia de paz, armonía, abundancia y salud perfecta.
11. Dios es el nombre de lo más alto y de lo mejor de su vida, y del principio de la vida, y de la interacción armoniosa de sus mentes consciente y subconsciente.
12. Entréguese de todo corazón a la Presencia de Dios, y Dios responderá y lo sanará.
13. Usted reconoce a Dios cuando cree que la Inteligencia Creativa que lo creó lo puede curar.
14. Los cuatro pasos de la oración científica son:
    1. Reconocer la Presencia de Curación

2. Aceptar por completo al Unico Poder
3. Afirmar la Verdad
4. Agradecer y regocijarse por la respuesta.
15. Deje de reflexionar sobre los síntomas, órganos o cualquier parte del cuerpo. Sienta y comprenda que la Presencia Infinita de Curación fluye en su interior como armonía, salud y paz, y sanará totalmente.

LEVANTESE Y CAMINE

8

La Dra. Evelyn Fleet, Directora del Foro de Verdad Psicológica en Londres y socia del autor, me comentó sobre uno de sus amigos, lisiado por la artritis durante muchos años, que había tomado todo tipo de fármacos y se había sometido a las mejores formas de terapia médica, sin resultado alguno. La Dra. Fleet relató que una noche, cuando este hombre se encontraba en su club, en Londres, se levantó y les mostró a todos los que estaban presentes cómo podía flexionar sus dedos, doblar sus piernas y hacer todo lo que no había podido realizar cuando estaba inmovilizado por la artritis, porque en sus articulaciones había depósitos calcáreos, lo que provocaba la deformidad de sus manos y piernas.

Su historia era más o menos la siguiente: Después de muchos años de terapia, le preguntó a su doctor de Harley Street: "¿No se puede hacer algo? ¡Tengo que curarme!" Estaba desesperado.

Su doctor contestó: "Sí, si usted erradica de su alma toda la amargura, mala voluntad y hostilidad, pienso que puede curarse".

Este fue el momento decisivo de su vida. De repente, sintió un intenso deseo de curarse y tomó la decisión de purificar su mente de una vez por todas. Comprendió que desde hacía tiempo albergaba rencores y resentimientos que se desbordaban de ira y venganza hacia gran cantidad de personas. Además, llevaba varios años condenándose a sí mismo porque había estafado a uno de sus parientes, con quien había trabajado y nunca había reparado el daño. Sentía que su castigo por este "pecado" como él lo llamaba, era, sin duda alguna, su padecimiento físico, y que lo merecía, pues era una castigo de Dios.

Fue a consultar a la Dra. Fleet y ella le señaló que Jesús le dijo al paralítico: *"Ten ánimo, hijo; tus pecados te son perdonados"* (San Mateo 9:5) *"Porque, ¿qué es más fácil, decir: Los pecados te son perdonados, o decir: Levántante y anda?"* (San Mateo 9:5). Además le indicó que debía perdonarse a sí mismo y compensar a su pariente por el daño. Este hombre regresó el dinero en forma anónima y sintió un gran alivio; también, gracias a la recomendación de la doctora hizo una lista de todos los hombres y mujeres a quienes odiaba y resentía y empezó a bombardear a cada uno de ellos, varias veces al día, con pensamientos amorosos, amables y armoniosos. Se perdonó a sí mismo por albergar todos estos pensamientos negativos y vengativos durante tantos años. Diariamente, llenó su mente de pensamientos del Salmo 23 y del Salmo 91, y afirmó en forma constante: "El amor de Dios limpia mi mente y mi corazón, y yo recupero la salud".

La Dra. Fleet me presentó a este hombre a principios de agosto de 1963; lo encontré vital, fuerte, alerta y lleno de vida y amor.

EL SECRETO DE SU CURACION

El creyó que tenía derecho a estar bien. Mientras pensaba que debía ser castigado, seguía con su padecimiento. Cuando comprendió que todo lo que tenía que hacer era perdonarse a sí mismo y perdonar a otros y reparar el daño siempre que fuera posible, además de creer en su derecho de tener salud perfecta, su mente subconsciente respondió. Este hombre estuvo consciente de los enormes beneficios de salud, paz mental y vitalidad que se conseguían al perdonarse a sí mismo y a otros. *"Tus pecados te son perdonados; levántate y anda"*. (Mateo 9:5).

TIRO SUS MULETAS

En febrero de 1963, pronuncié un discurso ante un grupo de hombres de negocios en Hong Kong, y una persona que se encontraba presente, señaló todas las razones por las cuales él no podía curarse de su padecimiento. Tenia todo tipo de coartadas y pretextos; culpaba al clima, al pasado, a las condiciones, a las circunstancias, a la herencia y a otras cosas. Le otorgaba prioridad a lo externo, en lugar de brindársela a la Presencia Infinita de Curación que se encuentra en su interior. Sus amigos manifestaron que nunca se curaría, que Dios lo estaba castigando y que había ofendido a Dios, y por lo tanto, debía resignarse a sufrir.

Llevaba cinco o seis años padeciendo de una pierna ulcerada, la cual le causaba mucho dolor, además de cojera y lo forzaba a usar muletas en algunas ocasiones. Durante algún tiempo, sanaba y luego se presentaba el padecimiento. Manifestó que ya se había resignado.

Le expliqué el signficado de la siguiente cita bíblica: *"Levántate, toma tu lecho y anda"* (San Juan 5:8). En otras palabras, ya no siga acostado en el lecho de la mente y deje de escuchar todas las recomendaciones falsas de otros poderes. Tome el poder de Dios en su mente y llame Su Presencia de Curación, y la Presencia de Curación fluirá en su interior y le brindará vitalidad, energía y lo transformará y lo sanará.

Este hombre dejó de temer y esperar una recaída. Durante aproximadamente cinco o diez minutos en la mañana y en la noche, afirmaba con comprensión profunda: "Tengo un Socio Silencioso, una Presencia de Curación que sabe cómo curar y Su Presencia de Curación realiza la belleza de la salud ahora. Creo ahora que mi Socio Silencioso satura todo mi ser con Su amor, belleza y perfección".

Esta leve alteración en su enfoque lo orienió a dejar de cojear y sentir dolor y lo llevó hacia una salud radiante. En junio de 1963, recibí una carta de él, en la que afirmaba que había quemado sus muletas y que caminaba sobre la tierra, libre y feliz. Decidió levantarse y caminar por medio del poder de Dios y de Su Presencia de Curación.

EL PODER SE ENCUENTRA EN SU INTERIOR

Hace algunos años, me registré en un hotel de Madrid y al formarme en una línea que se movía lentamente hacia la recepción escuché que el empleado estaba tratando de calmar a una mujer que estaba muy enojada e irritada. Lo llamó tonto, inepto y manifestó que debía ser despedido.

La reacción del empleado fue interesante, le contestó: "Lo siento señora, debe haber algún error; su nombre no está registrado con nosotros y no tenemos ninguna reservación, sin embargo, trataré de buscarle algo y definitivamente le encontraré algo".

Ella continuó con su estridente perorata, interrumpida en intervalos por los comentarios del empleado: "Sí, señora", y, "lo siento mucho, si estuviera en su lugar, me sentiría igual que usted".

Observé a este joven; no respondió de manera enojada; no se sonrojó y no mostró disgusto ni irritación. Miraba a la mujer de Nueva York, calmada e imparcialmente, y era cordial, amable y cortés, y bastante eficiente.

Cuando me tocó mi turno, le comenté: "Admiro su serenidad, debe ser felicitado". Entonces citó un texto del versículo 19 del capítulo 21 de San Lucas: *"Con vuestra paciencia ganaréis vuestra alma"*.

Este joven universitario no permitió que la perorata de la mujer lo irritara; él dominaba sus pensamientos y sus respuestas. Me informó que todos los empleados del hotel, las meseras, los botones, las recamareras y los choferes eran estudiantes de diversas universidades de Europa, quienes trabajaban durante el verano para pagarse sus estudios. Tenía una paciencia que implica madurez, salud mental y comprensión filosófica, por lo cual llegará muy lejos.

Siempre debe recordar que el poder se encuentra en usted y no en los demás.

UN TARTAMUDO SE CONVIERTE EN CONFERENCISTA

En una ocasión, un instructor le indicó al escritor que nunca iba a poder hablar en público y que debería olvidarse del asunto. En ese entonces, yo era un niño y tartamudeaba en forma considerable. Mi reeacción fue de enojo y me dije a mí mismo: "Le mostraré, hablaré en público ante miles de personas". Mi mente subconsciente respondió en consecuencia, y dispuso que mi convicción sucediera. En forma instintiva, rechacé la sugerencia del instructor. Si hubiera aceptado su declaración negativa, habría sido víctima de autohipnosis, y, sin duda alguna, nunca habría llegado a convertirme en conferencista.

COMO SURGIO UNA CANTANTE

Un profesor en Viena le dijo a Madame Shumann-Heink que no tenía voz y que debía regresar a su casa y convertirse en *hausfrau* (ama de casa). Ella rechazó esta sugerencia y se negó a aceptar el veredicto. Creía que Dios le había dado voz para cantar y que le mostraría el camino y le abriría la puerta, y fue lo que El hizo. Todos conocemos las cadencias y canciones majestuosas de Dios que salen por medio de ella.

COMO ADQUIRIO COMPLEJOS DE INFERIORIDAD Y DE RECHAZO

Le comenté a una joven en una tienda de Los Angeles: "Usted es una joven muy bella y encantadora". Ella contestó: "Oh, no diga eso, mi madre señala que soy la más fea y la más torpe de todos los miembros de la familia".

En realidad, esta muchacha creía lo anterior, sin embargo, cambió su forma de pensar cuando comprendió que era víctima de sugerencias negativas de parte de su madre. Entendió, con rapidez, los funcionamientos de su mente subconsciente cuando yo implanté en su mente el concepto de que es hija de Dios y una con el Poder y Sabiduría Infinitos. En la actualidad, está formando una

101

imagen real de sí misma como hija de Dios y tiene aplomo, equilibrio, serenidad y confianza.

Afirmar "soy hija de Dios" y al instante agregar "soy fea y torpe", crea un conflicto en la mente que da como resultado complejos de inferioridad y rechazo.

EL PODER DEL PENSAMIENTO

"Según piensa el hombre en su corazón, así es él". El pensamiento es el único poder creativo que usted conoce. Debe pensar desde el punto de vista de Dios y de las verdades eternas y no desde el punto de vista de la opinión humana, creencias falsas y propaganda del mundo.

La verdad acerca de usted es que Dios busca la expresión por medio de usted y lo hace un instrumento de lo Divino; debe empezar a comprender cual es el poder de sus propios pensamientos, ideas e imágenes mentales.

No debe permitir que su mente esté confusa por impresiones falsas y vista fugaz de las verdades de Dios. Si quiere ascender en forma espiritual, de una vez por todas, deje de otorgar poder a condiciones, circunstancias, personas o a cualquier cosa externa o creada. El único poder es Dios y usted es uno con Dios cuando piensa: "Dios es la única presencia; y el único poder de Dios está con mis pensamientos del bien".

Dios es el Espíritu Viviente que se encuentra en su interior, el cual lo creó y busca expresarse como armonía, dicha y paz por medio de usted. No existe poder inherente en las sugerencias de otra persona, ya sea clérigo, doctor, reportero o de otras profesiones. Las sugerencias de temor e impotencia no tendrán efecto en un hombre lleno de fe en Dios y en todo lo bueno.

La radio, la televisión y los periódicos presentan, en forma constante, sugerencias de todo tipo, tanto buenas como malas, sin embargo, éstas no afectan, en modo alguno, a muchas personas. Así mismo, usted tiene el poder de rechazar todas las sugerencias negativas y destructivas porque su pensamiento es el único poder creativo y usted puede escoger sus pensamientos.

MORIA LENTAMENTE

Hace algunos años, visité a un antiguo amigo en Hawaii, quien manifestó que era víctima de una maldición de un *Kahuna* y moría lentamente. Los doctores trataron de la mejor manera posible, de curarlo de la parálisis progresiva, sin resultado alguno.

Yo sabía que él era víctima de una sugerencia diabólica de una llamada oración de la muerte, pues nunca había razonado que sólo existe Un Poder y que no hay divisiones ni argumentos en dicho Poder. Una parte de Dios no puede ser antagónica a otra parte; su naturaleza fundamental es unidad y amor.

Le expliqué que no existe poder maligno, ni diablo, lo único que existe es su propio temor e ignorancia. En forma gradual, empezó a comprender que él era víctima de la autohipnosis, que había aceptado la sugerencia de la muerte, y que su mente subconsciente procedió a producir la muerte de su cuerpo. Este hombre estuvo emocionalmente enredado con una hawaiiana nativa quien trató de vengarse cuando él se casó con alguien de su propia raza y religión.

Lo visité durante varios días, y le indiqué que había visto a su antigua novia y que todo se había arreglado, la maldición había sido revocada y él gozaría de salud perfecta en unos días. ¡Todo esto fue invento mío! No había visto a su antigua novia, ni al Kahuna, ni a nadie relacionado con él; fue un viejo truco que yo empleaba. Le dí una contrasugerencia que neutralizó la que tenía impregnada.

La sugerencia de salud y recuperación perfecta dominaba ahora su mente. En todo momento, cuando existen dos ideas, la mente subconsciente acepta la dominante. Se levantó y caminó, y se recuperó por completo, y en la actualidad, se encuentra en su nativa Irlanda junto con una esposa irlandesa. De acuerdo con sus creencias, así le aconteció. Creyó que la llamada maldición fue revocada y aceptó mi propia sugerencia y su mente subconsciente respondió en consecuencia.

COMO ADQUIRIR APLOMO Y EQUILIBRIO

Todos sus temores, ansiedades y presagios son causados por su creencia en poderes externos y en agentes malévolos, todo lo cual está basado en la ignorancia. El único poder creativo inmaterial del que usted está consciente es su pensamiento y una vez que haya comprendido el poder de su pensamiento y que los pensamientos son cosas, de inmediato, se liberará de toda sensación de cautiverio y de la servidumbre del mundo.

El pensador científico no le proporciona poder a las cosas, condiciones, personas o circunstancias; está lleno de aplomo y equilibrio y ecuanimidad porque comprende que sus pensamientos y sentimientos son los que moldean, labran y forman su destino. No le teme a nada ni a nadie, puesto que el único enemigo que puede tener es su propio pensamiento negativo o lleno de temor. Piense bien y el bien sigue; piense mal y el mal sigue. Debe escribir las verdades de este párrafo de manera indeleble en su corazón. Deje de transferir el poder que se encuentra en su interior a estacas, piedras y a las opiniones necias de otros.

LAS IDEAS FALSAS NO TIENEN PODER

La Biblia dice: *"¿Serás salvado?"* ¿En realidad, confía en que la presencia de Dios lo puede curar? ¿Tiene fe implícita de que la Presencia Infinita de Curación que se encuentra en su interior lo sanará?, o ¿Piensa que la enfermedad es independiente de su mente? ¿Opina que su enfermedad es incurable? ¿Cree que la voluntad de Dios en lo referente a usted es enfermedad, dolor y problemas? Si es así, estos pensamientos de impotencia, enfermedad y sufrimiento le están robando salud, vitalidad y paz mental. Las ideas falsas no tienen ningún poder excepto el que usted les otorga.

"Tu fe te ha salvado". Abra su mente y su corazón al poder de curación de Dios y el poder de curación fluirá en usted con tanta seguridad como la luz y el calor del

sol entrar a su habitación cuando ésta se abre para recibir la luz y el calor y de la misma manera como el aire que está a su alrededor llena precipitadamente el vacío cuando se abre la manguera.

¿Ha sacado inventario de las existencias que usted lleva en su mente? ¿Está su mente llena de muchas creencias falsas, conceptos e imágenes sin valor? ¿Por qué no liquidar sus conceptos falsos y tradicionales de Dios y de la Vida y adquirir la creencia en el Unico Poder Creativo que se encuentra en su interior? Pues la voluntad de Dios para usted es la vida más abundante y que el bien trascienda sus sueños más preciados.

POR QUE NO LO PUEDEN CONVENCER

Para que se realicen milagros en su vida debe darle su atención, amor, reverencia y devoción a la Inteligencia que Todo lo Origina como la fuente de su salud, felicidad, seguridad y paz mental. Ya no permita que el temor, la ignorancia y las supersticiones del mundo lo hipnoticen y lo convenzan. Nadie lo puede hipnotizar sin su participación mental; si usted se niega a concentrarse en lo que se dice y en lugar de eso, se deleita en Dios y en Su poder ilimitado, usted es libre y nadie lo puede convencer.

La enfermedad a la que se refiere no tiene poder; no existe principio de enfermedad; es un patrón falso de pensamientos alojados en su subconsciente y debe desvanecerse conforme usted reflexione sobre integridad, belleza, y perfección de Dios. Su pensamiento armonioso pone en movimiento una nueva causa, la cual producirá un nuevo efecto, es decir, salud.

Tenga calma y tranquilidad; una persona nerviosa, neurótica o un fanático religioso es muy sugestionable. La verdad es una paradoja. Usted puede insistir en que se sentó cerca de un ventilador, y esto es la causa de su cuello rígido. Esta es una verdad relativa para usted, porque así lo cree, sin embargo, el ventilador no causa daño y no tiene poder. El poder se encuentra en su mente y espíritu, en su pensamiento y en su creencia. Si fuera verdad que el ventilador es la causa de su cuello rígido todas las personas sufrirían igual consecuencia. La causa está en la creencia subjetiva del individuo.

SU RELIGION ES SU FORMA DE VIDA

Su religión o conocimiento de las leyes de la mente no tienen importancia a menos que usted aplique las verdades de Dios a su vida diaria. La palabra (ideas, verdades) debe tener substancia (tener cuerpo en la pantalla del espacio).

Sabemos cual es su concepto de Dios por lo que dice, hace y expresa en su vida. Usted está aquí para dramatizar y representar a Dios en su trabajo, en sus relaciones con los demás y en todas sus funciones y actos.

Usted se convierte en lo que condena; cuando calumnia, critica y difama a otros, usted empieza a ejemplificar lo que critica.

Cuando usted está enojado, es hostil y mordaz, su mente es mucho más receptiva a las sugerencias negativas, llenas de temor y odio del mundo.

La razón es obvia. Usted está funcionando a una vibración muy baja y abre su mente a todo tipo de vibraciones de enojo y odio de la mente de la raza. Está funcionando a una longitud de onda muy baja y sintoniza con todas las corrientes negativas de la humanidad a ese nivel de vibración porque los semejantes se atraen. Otorgue todo el poder a Dios y sólo a Dios y empiece ahora a volver sus ojos a los montes de donde llega su remedio. *"Con mis ojos en Ti, no existe maldad en mi camino"*.

SIRVASE DEL PODER DE DIOS

1. Usted puede levantarse y caminar por medio del poder de Dios Todopoderoso que lo creó. Perdónese a sí mismo y a todos los que lo han lastimado; debe ser sincero.
2. Usted es el dueño de sus pensamientos y de sus reacciones a todas las experiencias. El poder se

encuentra en usted no en los demás.

3. Las sugerencias de otros no tienen poder sobre usted. Su propio pensamiento es el poder primordial, y usted puede rechazar todas las sugerencias negativas de los demás.

4. Dios que le dio su talento para cantar también le abrirá la puerta, siempre y cuando usted tenga fe.

5. Usted supera el complejo de inferioridad cuando comprende que es hijo de Dios y uno con el Poder y la Sabiduría Infinitos.

6. Sus pensamientos son pensamientos de Dios, y el poder de Dios está con sus pensamientos del bien.

7. Existe únicamente Un Poder, Dios, no hay divisiones ni discusiones en este Poder. Una parte de Dios no puede ser antagónica a la otra parte. Comprenda esto, y todo el temor desaparecerá.

8. La causa de todos los temores, ansiedades y presagios radica en la creencia en poderes externos. El único poder es Dios. La única maldad es la ignorancia.

9. La voluntad de Dios para usted es la vida más abundante y que el bien trascienda sus sueños más preciados.

10. Rechace la creencia de incurabilidad, abandone su hostilidad, y comprenda que el amor de Dios lo puede curar.

11. Cuando piensa en Dios y en Su poder ilimitado y en su unidad con el Todo Sabio, nadie lo puede convencer ni hipnotizar. "Uno con Dios es una mayoría".

12. *"Con mis ojos en Dios, no existe maldad en mi camino".*

SUPERANDO LOS OBSTACULOS

9

Hace algunos años, dicté una serie de conferencias en Montreal y una mujer me visitó en el Hotel Mount Royal, donde me hospedaba, para consultarme. Sus primeras palabras fueron: "¡Me estoy volviendo loca! No puedo dormir, me odio a mí misma, y quiero terminar con todo".

Esta joven era una mujer muy culta, bien educada, bien vestida y muy bella; era muy rica y vivía en un departamento lujoso. Estaba casada con un prominente hombre de negocios con quien había procreado tres hijos. Durante mi conversación con ella, descubrí que el enorme obstáculo para su felicidad era su autocondena, además de un sentimiento de culpabilidad, acompañado por un temor anormal al castigo.

Diez años antes de su matrimonio había sido prostituta, y había practicado la profesión más antigua del mundo. Vivía con el temor de ser descubierta y tenia pánico de que su esposo descubriera su pasado. Sus remordimientos y su odio a sí misma eran tan abrumadores que sentía que no tenía derecho a vivir y que no merecía el amor de su esposo y que él era el mejor hombre del mundo y el más amable. Además ella pensaba que no era digna de la hermosa casa, del costoso coche ni de los otros lujos que él le había proporcionado. Había estado tomando sedantes y bajo cuidado psiquiátrico durante algún tiempo, sin embargo, indicó: "Nada me ayuda estoy envilecida por dentro".

Le pregunté: "¿En la actualidad, le es fiel a su esposo?" Ella contestó: "Absolutamente, he tratado de ser una madre perfecta, y desde que me casé, una esposa dedicada y leal. Adoro a mi esposo".

Entonces, contesté con lentitud: "Lo único que tiene que sanar es su pensamiento actual. Piense correctamente ahora, y toda su vida será armoniosa y dichosa. Ahora, todo lo que puede experimentar es la manifestación externa de sus pensamientos y creencias. El pasado es sólo su memoria del pasado; los resultados de hechos pasados, buenos o malos, son únicamente la expresión de su forma de pensar actual. El único dolor y punzada que puede experimentar es el dolor de este momento. Comprenda el presente en forma correcta; esté consciente de la paz, armonía, dicha, amor y buena voluntad, ahora. Si reflexiona sobre estas cosas y las afirma y 'olvida el pasado', una vida nueva y gloriosa será suya. 'Ahora, usted es una buena mujer', eso es todo lo que importa. El pasado ya no existe; lo único que importa es este momento. Usted es una buena esposa y madre 'ahora', y tiene el derecho perfecto de todas las bendiciones de la vida 'ahora' ".

Le conté la historia del niño que se había portado muy mal. Su madre le dio muchos quehaceres y tareas para que las realizara en la casa y no le permitió salir durante una semana. El pequeño llevó a cabo sus tareas con alegría y al final de la semana su madre comentó: "Eres un buen muchacho; tu trabajo es excelente".

El niño contestó: "Madre, ¿no soy tan bueno ahora como si nunca se hubiera portado mal". Nunca presencié "¡Desde luego que sí! ¡Cuán maravillosa es la verdad!"

Le indiqué a esta mujer: "Usted es tan buena ahora, como si nunca se hubiera portado mal". Nunca presencié una transformación igual; sus ojos y todo su cuerpo cobraron vida y manifestó: "Me siento como si me hubieran quitado una tonelada de ladrillos de encima. Ahora comprendo que en la actualidad soy buena, y el pasado ya no existe y no tiene poder". Se alejó rejuvencida, inspirada, elevada y exaltada y casi en éxtasis. El 'pasado' era su obstáculo. Ahora ella es libre porque está consciente de que los beneficios gloriosos le llegan a quien comprende que todo lo que tenemos que hacer es cambiar nuestra forma

110

de pensar actual, y cambiaremos todo nuestra vida.

USTED PUEDE ENCONTRAR LA SOLUCION

La solución se encuentra en el problema; la respuesta está en cada pregunta. Si a usted se le presenta una situación difícil y no encuentra la solución, el mejor procedimiento es asumir que la Inteliegncia Infinita que todo lo sabe y todo lo observa tiene la respuesta y se la revela ahora. Su nueva actitud mental de que la Inteligencia Creativa le proporcionará una solución feliz, le permitirá encontrar la respuesta. Cuando usted empieza, la Inteligencia Infinita responde. Puede estar seguro que tal actitud le proporcionará orden, método, y significado a todas sus empresas, lo que le permitirá superar todos los obstáculos.

DEJO DE CRITICARSE A SI MISMA

Usted puede cambiar su vida, si en realidad lo quiere hacer. Para tener buena digestión y salud perfecta debe olvidarse del resentimiento y de la mala voluntad. Con el fin de avanzar y moverse hacia adelante en la vida es necesario que el pensamiento negativo sea substituido por pensamientos constructivos.

Conocí a una joven que poseía una bella voz, sin embargo, se menospreciaba, degradaba y criticaba a sí misma constantemente con comentarios como: "No tengo oportunidad. Soy demasiado vieja. No conozco a la gente adecuada".

Con el fin de obtener lo que deseaba, era necesario dejar de autocondenarse. Decidió enamorarse del nuevo concepto de sí misma; imaginó que estaba cantando ante un público, y estaba embelesada, fascinada y encantada por la dicha de todo esto. Una nueva puerta se abrió ante ella, porque abandonó su antigua manera de pensar y afirmó la verdad sobre sí misma.

USTED DEBE DESEAR EL CAMBIO

En realidad, ¿Cuán grande es su deseo de convertirse en persona nueva? ¿Verdaderamente, quiere cambiar las condiciones, experiencias y toda su personalidad? El primer requisito es que usted debe tomar una clara y bien definida decisión en su mente de que transformará su vida. Debe desear cambiar con todo su corazón y dejar de ser una máquina de propaganda que repite fútilmente todos los conceptos estereotipados, ideas y creencias que han sido implantadas en su mente subconsciente desde que nació. Cambie su forma de pensar y cambiará su destino.

POR QUE FUE INNECESARIO EL DIVORCIO

Una mujer me escribió que tenía intenciones de divorciarse porque su marido era tiránico en la casa y sus hijos le tenían pánico. Al conversar con él, descubrí que era víctima de temores reprimidos desde hacía mucho tiempo. Además, su padre había sido excesivamente severo y estricto con él. Aún resentía mucho a su padre, aunque éste había pasado a la siguiente dimensión de la vida hacía bastante tiempo. Entendió mi diagnóstico, pues yo creía que él estaba tratando inconscientemente de vengarse de su padre por medio de la actitud déspota y tirana que tenía para con sus propios hijos. El hombre debía desear el cambio con el fin de salvar su matrimonio.

Por medio de la oración liberó a su padre, y le deseó armonía, dicha, paz y todas las bendiciones de la vida; continuó así hasta que todas las raíces de odio se marchitaron. Adoptó un patrón de oración por medio de la meditación sobre los Salmos 23, 27 y 91, en tres períodos específicos: Mañana, tarde y noche. Al final, descubrió que la oración era un hábito, un buen hábito. Cambió su forma de pensar y siguió así. Como resultado, su hogar está lleno de paz y felicidad, y sus hijos lo quieren. Es posible desenrollar la madeja enmarañada y llegar al meollo importante.

112

COMO CONQUISTO EL AMOR

Un esposo empezó procedimientos de divorcio en contra de su mujer; su queja principal era la extravagancia de ésta. Al hablar con ella, descubrí que nunca recibió de su esposo ninguna señal de aprecio, comprensión o aprobación; se sentía muy insegura, y en realidad, estaba tratando de comprar con dinero el profundo sentimiento interno de seguridad que nunca tuvo.

Decidieron convertirse en socios verdaderos; él compartió con ella el conocimiento total de su negocio y le mostró que estaba cubierta económicamente en caso de que algo le sucediera. Empezaron a orar juntos todas las noches para adquirir armonía, šalud, paz, orientación de Dios y acción correcta y todas sus dificultades se disolvieron en la luz del amor de Dios.

Debe permitir que el amor de Dios esté en sus pensamientos, palabras y acciones y todo su mundo se fundirá mágicamente en la imagen y la semejanza de su contemplación interna. En algunas ocasiones, descubrirá que los problemas parecen tener enormes proporciones y sin embargo, pueden reducirse a un tamaño tan infinitesimal que parecen ridículos.

EL PRIMER PASO PARA LLEVAR
UNA VIDA VICTORIOSA

Existen alcohólicos que no quieren curarse; no quieren deshacerse de obstáculos mentales como rencores, animosidades, autocondena, resentimientos y mala voluntad. Cuando un alcohólico admite el hecho de que tiene un problema y siente el deseo grande y saludable de tener libertad y paz mental, ya está curado en un 51%. Conforme vislumbra su libertad, avance y expansión en forma correcta, el Todopoderoso lo apoyará; entonces los temblores y las ansias serán eliminadas automáticamente por la dicha que está ante él.

Todos nosotros debemos empezar a eliminar los antiguos y aceptados puntos de vista, opiniones y creencias falsas que fueron implantadas en nuestra mente cuando éramos chicos e impresionables. El hombre promedio piensa y expresa los pensamientos de hombres muertos; el pasado muerto parece gobernar las mentes de millones de personas. Hablo de hombres que no han tenido una nueva idea o punto de vista en 50 años.

¿Es usted víctima de la propaganda, o piensa por sí mismo? Una mujer comentó que sabe exactamente cómo reaccionará su esposo a los titulares del periódico, a los reporteros y a ciertos políticos y hasta puede repetir palabra por palabra sus reacciones a los temas religiosos. El se parece a los niños de la China Roja, quienes están acondicionados a pensar, hablar, actuar y reaccionar de acuerdo con el patrón escrito; estos niños se asemejan a un fonógrafo, el cual reproduce lo que está en el disco. El gramófono es la mente subconsciente que reproduce fielmente lo que se imprime en ésta.

Usted no nació para ser un autómata; debe pensar por sí mismo. No admita que otros hablen o piensen en usted y por usted. No permita que otros despojen su mente y la contaminen con pensamientos de temor, odio, maldad, enfermedad e infortunio. Si usted presta atención y escucha los prejuicios y temores de otras personas, puede contagiarse por éstos.

LA CAUSA DEL OBSTACULO DE LA FELICIDAD MARITAL

Lo que relato a continuación es un ejemplo en el que el "muerto" habló y actuó por medio de un joven padre. El estaba a punto de divorciarse de su esposa porque ella no hacía que los niños se arrodillaran para orar todas las noches antes de dormir. Su obstáculo mental radicaba en el hecho de que era hijo de una madre demasiado exigente, quien además era una fanática religiosa. Ella insistía, cuando era niño, que se arrodillara y repitiera de memoria ciertas oraciones prescritas, todas las noches antes de dormir. El resentía este procedimiento antes de acostarse y había reprimido una rebelión en su mente subconsciente en contra del "castigo" de su madre.

Psicológicamente hablando, este joven trataba de vengarse de su madre imponiendo en sus tres hijas el mismo rito religioso, que él había tenido que seguir en su niñez. La costumbre de su esposa era enseñar a sus hijas unas cuantas oraciones sencillas cundo estaban acostadas, y enfatizaba que Dios es un Dios de amor y que El las cuidaría como un padre amante.

Le expliqué a este joven padre cuál era la razón por la que estaba resentido con su esposa, y señalé que ella había frustrado inconscientemente su deseo de venganza, por lo tanto, había incurrido en sus sentimientos hostiles, los cuales se proyectaban hacia ella. El comprendió que el obstáculo mental a la felicidad marital se encontraba en su interior; en consecuencia, aceptó mi interpretación de buena manera. La explicación fue la solución.

¿LE GOBIERNA EL PASADO MUERTO?

Hace algunos años, leí un artículo en un periódico inglés sobre Lord Northcliffe, del *Times* de Londres, el cual relataba acerca de un hombre que iba al Edificio del *Times* todos los sábados por la tarde, entraba en cierto cuarto que era una recámara, y permanecía hasta el lunes siguiente por la mañana. Lord Northcliffe interrogó al hombre y le preguntó qué hacía en ese lugar. El contestó que llevaba 25 libras de oro para el caso de que el banco las necesitara para el fin de semana. El hecho sorprendente fue que cuando Lord Northcliffe telefoneó al banco, le informaron que otros hombres con una bolsa de oro habían estado ocupando el cuarto los fines de semana durante aproximadamente 100 años.

La razón de todo esto estriba en una disposición del propietario del *Times* durante la batalla de Waterloo, 1815, la cual tuvo lugar un domingo. En ese entonces, el editor del periódico tenía intenciones de enviar a algunos hombres para que cubrieran la historia, sin embargo, no pudo reunir el dinero suficiente para sufragar los gastos de la expedición. Al día siguiente, realizó un arreglo con un banco de Londres con el fin de que mandara mil libras esterlinas en oro, regularmente, al Edificio del *Times,* cuando el banco cerrara el sábado por la tarde. Este es un eejmplo del pensamiento de un hombre muerto que gobierna una gran institución bancaria durante 100 años, lo que causa desperdicio de tiempo, dinero y esfuerzo.

DISIPE LAS SOMBRAS DE SU MENTE

Al igual que hace 30 ó 40 años ¿repite los mismos antiguos patrones de pensamiento y atraviesa por los mismos movimientos mentales y tiene las mismas reacciones? ¿Se ha preguntado a sí mismo acerca de sus prejuicios, temores, aprensiones y celos? ¿Por qué están en su mente? ¿Por qué no consulta a alguien sobre sus temores anormales? Si lo hace, descubrirá que tiene un conglomerado de sombras siniestras en su mente, y una sombra no tiene poder.

¿No es eso a lo que usted teme, sólo un pensamiento de su mente? Donde mora la fe en Dios no existe temor. Usted debe examinar todas sus creencias y descubrir su fuente y origen. Tome una decisión definitiva ahora, y esta es: No crea en forma alguna en lo que no entiende. Aprenda acerca de su mente subconsciente y el poder de su propio pensamiento y descubrirá que el Principio de Curación se encuentra en su interior.

Usted no montará en una mula para dirigirse a San Francisco, como lo hicieron sus antepasados; tampoco mandará un mensaje a Chicago por medio de caballos rápidos. De la misma manera, no debe permitir que las creencias muertas, ignorantes y llenas de supersticiones gobiernen, dirijan, y manipulen su mente. Existen muchas personas que piensan que sus circunstancias pueden cambiar por medio de la repetición de un conjuro, sin cambiar su mentalidad; en consecuencia, están destinadas a la desilusión.

LA RAZON POR LA CUAL SUS EMPLEADOS NO LE DURABAN

Un hombre de negocios se quejó conmigo de que sus empleados no le duraban y cambiaba su personal en forma constante. Descubrí que tenía un genio atroz y por esta razón sus empleados se alejaban. El comprendió que su obstáculo se encontraba en su interior y decidió cambiar su forma de pensar y seguir así. Oró para la que la Inteligencia Infinita atrajera empleados que apreciaran y amaran el trabajo y además sintieran que se les compensaba de manera adecuada; así mismo, oró por la paz, armonía, prosperidad y felicidad de cada empleado. Empezó a irradiar amor y buena voluntad hacia sus clientes, su esposa, y sus hijos. Convirtió esto en hábito, pues la oración es un hábito. Este hombre ya no tiene problemas con sus empleados, ni con sus asociados.

POR QUE NUNCA PROSPERO SU NEGOCIO

Un hombre me escribió para informarme que durante dos años había orado para tener prosperidad en su negocio y no había tenido resultados. Tenía ciertas nociones de la verdad espiritual, sin embargo, su actitud de profundo resentimiento hacia un socio en los negocios, quien tenía mucho éxito económico, se expresaba en forma automática en dificultatdes económicas, enfermedad y frustración.

Le pregunté hasta qué punto deseaba, en realidad, lo que quería. ¿Lo deseaba lo suficiente como para deshacerse de su actitud hostil? No existe transacción alguna sin un intercambio. Comprendió que sentía envidia y resentimiento por la opulencia de su competidor. Con franqueza, lo interrogué: ¿Prefiere sentir resentimiento y envidia en lugar de tener prosperidad y paz mental? Vio la luz y comenzó a orar para que su competidor tuviera más éxito y prosperidad. La oración siempre prospera.

Lo que pone obstáculos a nuestra salud, felicidad y éxito siempre se encuentra en nuestra propia mente, y la comprensión espiritual hará que nuestras circunstancias mejoren en todo respecto. Por el contrario, la falta de comprensión espiritual se expresa en toda clase de dificultades.

POR QUE SE DEMORA LA RESPUESTA

En caso de que exista una demora indebida para obtener una respuesta a su oración, la razón puede estribar en que la dificultad está tan arraigada en su mente subconsciente que requiere de más oraciones, o tal vez, usted no ora en forma adecuada. En un caso así, debe pedirle a la Inteligencia Infinita que le revele lo que necesita saber; lo hará.

Cuando un hombre indica que debe obtener una prueba para el lunes o martes de la siguiente semana, o de lo contrario, el juez dictará una sentencia en su contra, o perderá su negocio a menos de que reciba una respuesta inmediata, debe recordar que Dios nunca falla, Dios nunca llega tarde y Dios es independiente del tiempo y del espacio.

En realidad, el tiempo no importa, pues la oración obtiene resultados sin tener en cuenta lo que el tribunal dictará cierto día. Usted tiene fe en que Dios hará que todo salga bien, sin considerar lo que suceda el próximo lunes o martes. Usted continúe sin parar, sabiendo que la oración siempre encuentra una solución, a pesar de lo que ya sucedió y sin tomarlo en cuenta.

COMO AMAR LA LEY DE LA VIDA

"Gran paz tienen aquellos que aman tu ley, y nada los ofenderá". Conforme usted acepta la ley de que su pensamiento es creativo y de que el Espíritu fluye en su interior por medio de patrones de su pensamiento e imaginación creativa, se alejará de su introspección malsana y de sus conceptos negativos. Cuando tenga el impulso de desaliento, lo estimulará a pensar en objetivos e ideales reales y encauzará su energía hacia sus deseos, aspiraciones y ambiciones en vez de condiciones y circunstancias.

118

Debe amar su ideal hasta que éste lo absorba y lo cautive; permita que los antiguos pensamientos sin valor desaparezcan; ame los patrones nuevos, atrayentes y ennoblecedores de la vida. El mundo externo podrá discutir con el mundo interno de sus sueños e ideales. Recuerde que el exterior es el efecto, no la causa. Debe asegurarse de que la energía, vitalidad y poder de su creencia concuerden con el ideal que busca; entonces, está en camino hacia la madurez espiritual. En toda adversidad se encuentra la semilla de oportunidad.

COMO ENFRENTARSE A LOS PROBLEMAS

Emerson dijo: "En tanto que el hombre está sentado en la almohada de las ventajas, se queda dormido; cuando es empujado, atormentado, derrotado y acosado tiene la oportunidad de aprender algo; depende de su ingenio y de su virilidad. Adquiere hechos, aprende de su ignorancia y se cura de la locura del orgullo".

Enfréntese a sus problemas; decida ahora con ecuanimidad y con fe en Dios y obtendrá la solución. La puerta se abrirá, y el camino le será mostrado.

COMO AHUYENTAR EL LLAMADO MAL DE OJO

Quisiera mencionar una experiencia que todos parecen tener. Empiezan algún proyecto deseable, o se disponen a realizar un trabajo para un jefe, y descubren que no pueden llevarlo a cabo. Manifiestan que algo sucede en el último minuto, que la persona que tenía que firmar murió de repente o que cambió su forma de pensar en el último instante. Recientemente, una actriz comentó que todo marchaba bien hasta que la llamaron para firmar un contrato, sin embargo, media hora antes de firmar, el productor sufrió un infarto; el contrato se pospuso. Otros se quejan de que la venta no se efectuó porque dieron marcha atrás en el momento en que se iba a firmar.

La demora y el obstáculo se encuentran en nuestra propia mente.

Atraemos lo que tememos; experimentamos lo que esperamos. Ahuyente el llamado mal de ojo de la siguiente manera: Afirme con audacia: "Mi Padre y yo somos uno; Dios piensa, habla y actúa por medio de mí. Existe sólo Un Poder, y ese Poder se mueve como armonía y unidad. Ninguna persona, lugar o cosa puede interferir con el trabajo de Dios, y mi trabajo es el trabajo de Dios, pues Dios trabaja por medio de mí. En El vivo, me muevo y tengo mi ser; en mí Dios vive, se mueve y se expresa totalmente. El trabajo de Dios no puede demorarse; Dios siempre tiene éxito y termina todas Sus empresas. Lo que es verdad de Dios, es verdad de mí. Termino todas mis empresas con la realización y cumplimiento divinos en Orden Divino a través del Amor Divino". Usted debe desear lo que quiere con suficiente anhelo y entusiasmo para tomarse la molestia de aprender cómo pensar clara, lúcida y espiritualmente, puesto que el pensamiento es la única causa. Debe ponerse en armonía con Dios y se elevará en forma triunfante sobre todos los problemas, "El nunca falla".

"Te coloqué en alas de águila, y te elevé hacia mí".

IDEAS VALIOSAS PARA RECORDAR

1. El único momento que importa es el actual. Cambie su forma de pensar ahora y mantenga el cambio, y cambiará su destino.

2. El pasado ya no existe. No tiene poder sobre usted. El único poder es su pensamiento actual. Piense sobre cosas buenas y bellas.

3. Si usted es bastante bueno ahora, es tan bueno como si nunca se hubiera portado mal.

4. Con el fin de tener buena digestión y salud perfecta, debe deshacerse del resentimiento y de la mala voluntad.

5. Con el propósito de convertirse en una persona nueva, debe desear de todo corazón cambiar su forma de pensar y mantener el cambio.

6. Elimine las raíces de odio deseando con sinceridad

120

que la otra persona tenga armonía, dicha, paz y todas las bendiciones de la vida.

7. Sea un socio real de su esposa y comparta con ella el conocimiento total de sus negocios. Muéstrele que está cubierta económicamente en caso de que algo le suceda a usted.

8. Cuando un alcohólico admite el hecho de que tiene un problema y siente el deseo intenso de dejar la bebida, está curado en un 51%.

9. Piense por sí mismo. No admita que otros hablen o piensen en usted y por usted. No sea como un fonógrafo que reproduce lo que está en el disco.

10. Un padre no debe tratar de vengarse de su madre imponiéndoles a sus hijos los mismos ritos religiosos que era obligado a seguir en su niñez. '

11. ¿Los pensamientos muertos de su pasado como tradiciones, creencias y dogmas le causan pérdida de tiempo, dinero, energía y esfuerzo?

12. Sus temores son conglomerados de sombras siniestras en su mente y una sombra no tiene poder.

13. No crea en forma alguna en lo que no entiende. Aprenda acerca del funcionamiento de su mente consciente y subconsciente, y descubrirá el Poder de Curación que se encuentra en su interior.

14. Un patrón debe orar por la paz, armonía, prosperidad y felicidad de sus empleados. También debe sentir y saber que los compensa en forma adecuada.

15. Lo que pone obstáculos a nuestra salud, felicidad y éxito siempre se encuentra en nuestra propia mente.

16. Tenga fe en que Dios hará que todo salga bien, sin considerar lo que sucedió el lunes o el martes. La oración siempre encuentra una solución, sin tomar en cuenta lo que ya pasó.

17. Ame los patrones nuevos, atrayentes y ennoblecedores de la vida. Ame su ideal hasta que éste lo absorba y lo cautive.

18. Enfréntese a sus problemas. Su fe en Dios y en

Su poder le permitirán superar todos los problemas.

19. Atraemos lo que tememos; experimentamos lo que esperamos. Comprenda que lo que es verdad de Dios es verdad de usted, y conforme ore se realizarán maravillas.

SER, HACER Y TENER

10

¿Se alegra por el hecho de estar vivo? ¿Ha examinado alguna vez todas las maravillas que se encuentran en su interior? Su vida es la Vida de Dios, y esa Vida es su vida ahora. Todos los poderes de Dios están en su interior; la Vida Infinita busca su expresión por medio de usted, en la forma de sus deseos.

Usted desea vivir y expresarse, y desea ser feliz, libre y próspero; desea ser lo que siempre ha querido ser; quiere hacer lo que le gusta; y desea tener amor, compañerismo, una casa hermosa y todas las cosas que le permiten vivir rica, abundante y gloriosamente. Detrás de todo progreso se encuentra el deseo.

El Principio de la Vida que nos anima a todos desea expresarse y experimentarse a Sí Mismo. El árbol desea crecer; la flor desea florecer; el pájaro desea cantar. En este momento, usted puede desear salud, felicidad, un lugar verdadero, abundancia y seguridad. Todo lo que usted realiza, lo hace en respuesta a sus deseos. El deseo lo empuja y lo incita a actuar; es el impulso del Principio de la Vida.

El granjero siembra porque desea obtener alimento para sí y para su familia. El hombre construye aviones y naves espaciales porque desea irrumpir en el tiempo y en el espacio para explorar el universo.

Su deseo le recuerda algo en su vida, el cual, si es aceptado por usted, hará que su vida sea más completa y más feliz. Conforme el beneficio esperado del deseo es más grande, más fuerte es el deseo. Cuando no se espera beneficio, ganancia o progreso, no hay deseo; en consecuencia, no se encuentra acción.

Si durante mucho tiempo, no comprendemos nuestros deseos de ser, hacer y tener, surge la frustración y la desdicha. Usted se encuentra aquí para elegir felicidad, paz, prosperidad y todas las bendiciones del Cielo. Su deseo le permite decir: "Esto es bueno, por lo tanto, lo escojo; sin embargo, esto es negativo, en consecuencia, lo rechazo". Una elección implica la percepción de algo preferible a lo que se rechaza.

POR QUE ES CATASTROFICO SUPRIMIR UN DESEO

Las consecuencias de aniquilar y suprimir un deseo son catastróficas. Si el hombre estuviera en posibilidades de hacerlo, el bien y el mal significarían lo mismo para él, pues nada tendría poder alguno para hacer que tuviera un deseo; estaría muerto para todos los sentimientos y para todo motivo de acción. Su deseo quiere decir que usted elige una cosa por encima de otra; donde se extingue el deseo, no puede existir tal capacidad para elegir.

He visto indios fantásticos, quienes en el seguimiento de su propósito de extinguir todo deseo, tanto bueno como malo, se convierten en formas humanas atenuadas, ruinas sin esperanza y dejan de ser hombres vivos. La extinción del deseo significa apatía, insensibilidad e inacción. El deseo es la causa de todo el sentimiento y toda la acción, además, es el principio que mueve todo el universo. El deseo es el poder creativo y debe ser encauzado y dirigido con sabiduría; el deseo y su realización tienen lugar en su mente.

EL DESEO NO ES MALO

En el verdadero sentido no existen deseos malos. Usted puede dirigir o interpretar erróneamente el deseo que surge de su interior. Por ejemplo, si usted es pobre, desea riqueza; si está enfermo, desea salud; si está preso,

124

desea libertad; puede desear amor y compañerismo, o tal vez, un lugar verdadero. El hombre que desea riqueza podrá, en su ignorancia, realizar su impulso o deseo, matando a un banquero o robando una tienda; si impulsa su deseo en una dirección errónea, se encontrará en la cárcel acusado de asesinato. Enséñele al hombre que existe una Inteligencia Infinita en su interior que puede realizar sus deseos y superar su sentimiento de oposición y frustración. El deseo del hombre de obtener alimento es legítimo y normal, sin embargo, matar a alguien con el fin de adquirir pan, engendra violencia, oposición, culpabilidad y autodestrucción.

HIZO UNA LISTA DE TRES COSAS

Existe un poder en el interior del hombre que lo elevará y lo pondrá en el camino fácil a la felicidad, salud, paz mental y realización de sus sueños más preciados sin privar a ninguna otra persona de las incontables bendiciones de Dios. Hace algún tiempo, un hombre que se encontraba sin dinero, sin trabajo y muy frustrado estuvo en una de mis conferencias sobre *"El Poder de Su Mente Subconsciente"**. Al llegar a su casa explicó lo que había escuchado; nunca había asistido a una conferencia sobre la mente, sin embargo, manifestó: "Esto tiene sentido". Hizo una lista de tres cosas que quería; se podría indicar que eran materiales, no obstante, eran sus necesidades. Las tres cosas que aparecían en su lista eran: Un buen trabajo, un automóvil y todo el dinero que necesitaba.

Escogió estas cosas concretas para ver si sus pensamientos eran cosas; quería probarse a sí mismo que la idea de la cosa era la cosa en sí. En la conferencia mencioné que la idea era la realidad detrás de la forma. Estableció un método definido de actuar y lo practicó conscientemente todos los días; le dio el tiempo suficiente para que tuviera una oportunidad justa. Este hombre

* Por Joseph Murphy. Publicado por Prentice-Hall, Inc., Englewood Cliffs, N.J., 1963

comprendía que no se aprende a nadar después de dos intentos.

Oró para pedir un lugar verdadero de la siguiente manera: "Comprendo que la Inteligencia Infinita me responde, en este momento me revela mi verdadero trabajo. Estoy consciente de mis talentos ocultos; recibo un ingreso maravilloso; sé que la idea de un buen trabajo y su manifestación son uno en la Mente Divina. Sigo la orientación que me llega".

En dos semanas, a partir del día en que empezó su experimento, firmó un contrato de trabajo en San Francisco. Agradeció la ley de Dios y se regocijó en ella. Luego prosiguió con su siguiente objetivo, un coche nuevo. El me comentó: "Sé que tengo la idea de un coche; es real, seguiré siendo fiel a ésta, debe manifestarse". Ganó un coche en una rifa; estaba consciente del secreto del subconsciente; sabía que si se identificaba mental y emocionalmente con la idea, el subconsciente la haría suceder. Quedó muy agradecido.

La siguiente petición fue para obtener más riqueza. Todas las mañanas y todas las noches, durante su período de oración, agradecía la riqueza de Dios que circulaba en su vida y afirmaba que su idea de riqueza se realizaba. Se enamoró de una viuda rica en San Francisco y ella le financió su nuevo negocio.

Este hombre estableció un método definido de actuar y afirmaba cada uno de sus deseos como si ya hubieran sido realizados. Afirmó cada uno por separado, pero todos al mismo tiempo, durante su período de meditación, vespertino y matutino. Si usted ora como este hombre y no aparece alguna mejoría en un par de semanas, borre ese método y adopte uno nuevo. Recuerde, existe una respuesta; eso es tan cierto como la salida del sol.

LIBERESE DE LA PRISION DE CARENCIAS

Cultive la sencillez y la espontaneidad, sabedor de que cualquier cosa que usted pida en oración con fe, la recibirá. Decida ahora que puede hacer lo que desea y que puede ser lo que desea. En la actualidad, ninguna persona iluminada cree que un destino cruel nos condena a la enfermedad, miseria o sufrimiento. Nuestros propios pensamientos y falsas creencias son lo único que nos mantiene en la mediocridad, en condiciones miserables o con mala salud.

Libérese de la prisión de temor, carencia y soledad. Deje de pensar que Dios le inflige dolencias por alguna razón extraña o que usted debe sufrir una enfermedad o resignarse a ésta. Decir que Dios lo castiga es blasfemia; culpar a Dios por su enfermedad también es blasfemia. Su mente y su cuerpo son uno. En el campo de la medicina psicosomática, comprenden que es imposible afirmar donde empieza la mente y termina el cuerpo. En la actualidad, las investigaciones revelan que las causas ocultas que originan los malestares físicos se encuentran en las profundidas enmarañadas de la mente, en iras frustradas, en deseos confusos, en envidias y en ansiedades. Es ridículo culpar a Dios por los problemas que nos causamos solos debido a nuestra propia forma de pensar equivocada o por no saber pensar.

TODO LO QUE ELLA QUERIA ERA SER "ESPIRITUAL"

Una muchacha indicó que todo lo que deseaba era ser "espiritual". Este es el deseo general de todos, sin embargo, nuestra terminología no es la misma. Cuando usted piensa en forma espiritual, se expresa en este lugar y en este momento totalmente; comprenda que un coche enfrente de su casa es una idea espiritual; cuando tiene hambre, un emparedado de jamón es una respuesta a su oración y también es espiritual. Si usted canta bien en el teatro, es tan espiritual como el hombre que canta el Salmo 23 en el coro. La persona que lleva a cabo reparaciones en el techo de su casa realiza un trabajo espiritual, de la misma manera como lo hace un ministro, un sacerdote o un rabino al leer un texto de la Biblia o transmitir un sermón. Comprenda que el espíritu y el cuerpo son uno. Deje de menospreciar las cosas materiales, de una vez por todas, y ya no separe al Espíritu de Dios de la carne y el hueso del

127

mundo. Todo acto físico, sin importar qué tan bajo lo considere usted, es el Espíritu Viviente que se encuentra en su interior, el cual anima la forma material. Usted no se degrada o menosprecia cuando friega un piso sucio o limpia los establos; si usted condena algo en este mundo se menosprecia y se desprecia a sí mismo.

COMO LO CURO SU SOCIO SILENCIOSO

Durante cinco o seis años, un hombre de Los Angeles tuvo una pierna ulcerada. Por algún tiempo, se curaba y luego volvía a aparecer este padecimiento. Manifestó que su padre había sufrido de lo mismo y él suponía que era hereditario y que tenía que resignarse; aprendió que estaba equivocado. Estuvo consciente del hecho que la Inteligencia Creativa que creó su cuerpo nunca pierde interés en lo que crea. Comprendió que la Presencia de Curación se encuentra en su interior y que el proceso de digestión, asimilación y circulacion se realizan por medio de esta Presencia de Curación. El hombre dejó de temer y esperar una reincidencia. Durante aproximadamente cinco o diez minutos en la mañana y en la noche afirmaba con profunda comprensión: "Tengo un Socio Silencioso, una Presencia de Curación que sabe cómo curar, y Su Presencia de Curación realiza ahora la belleza de la salud. Creo que mi Socio Silencioso satura todo mi ser con Su amor, belleza y perfección".

Este enfoque lo llevó hacia una salida radiante; Dios quiere su mejor funcionamiento. Adopte un punto de vista práctico y afirme con audacia: "La Inteligencia Infinita que me creó, conoce el proceso de curación y me cura ahora en Orden Divino. Creo, acepto y me regocijo porque mi Socio Silencioso responde ahora".

Esta actitud es saludable y funcionará; seguimos al deseo que cautiva y mantiene nuestra atención. Todos nos movemos hacia la dirección de la idea que domina nuestra mente en el momento. Un intenso deseo de ser y hacer lo pondrá en el camino fácil del éxito y de la realización. John Bunyan tenía un deseo intenso de revelar la verdad acerca de la religión, y su mente más profunda respondió; aunque se encontraba en prisión y le infligían castigos severos, escribió la obra maestra *"Pilgrim's Progress"* (El Viaje del Peregrino).

ALABE Y ENGALANE SU DESEO

El roble duerme en la bellota, el ave espera en el huevo, y Dios espera en usted para expresarse y reproducirse en la pantalla del espacio. Edison era un vagabundo operador de telégrafos y aunque era sordo y lo habían expulsado de la escuela, tenía un intenso deseo de iluminar al mundo. La Inteligencia Viviente en su interior respondió, literalmente, a su fe y a su creencia.

Engalane su deseo, alábelo en su propia mente, embellézcalo y magnifíquelo y permita que lo cautive de tal forma que usted lo anhele. Enamórese de su deseo; la imagen que tiene en su mente apoyada por la fe será manifestada por la mente subconsciente.

¿POR QUE ESPERAR TRES AÑOS PARA VENDER SU CASA?

Durante tres años, una mujer trató de vender una casa en la Ciudad de Nueva York, sin éxito alguno. Un domingo por la mañana, mientras yo dictaba una conferencia en lugar del Dr. Raymond Charles Barker en Town Hall, Nueva York, ella entró en un estado somnoliento y adormecido, parecido al sueño. En este estado mental pacífico, tranquilo y relajado enfocó toda su atención hacia la venta de su casa. Se encontraba en un estado de inmovilidad física, el cual aumentó el poder de concentración. En dicho estado, imaginó que tenía en su poder el cheque por el precio total de la casa. Agradeció el cheque y se regocijó por tenerlo. Estaba viendo hacia atrás, hacia el objetivo, hacia el deseo hecho realidad. Ella se regocijó lo agradeció y se encontró llena de la sensación de: "Ya se realizó". Con esta actitud mental, todo el esfuerzo se redujo al mínimo. El mismo día el corredor de bienes raíces vendió su casa; fue aproximadamente en el mismo momento en que estaba agradeciendo la venta. Indicó: "Sabía que esta mañana se había realizado porque tuve una sensación de alivio".

LAS IDEAS LO DOMINAN

Hace miles de años, los místicos hebreos decían: "El hombre es lo que imagina ser". Su idea es una imagen que brota en forma espontánea de sus profundidades subliminales o del mundo externo. Su facultad de imaginación envuelve todas las ideas y las proyecta en la pantalla del espacio. Por esta razón, sus pensamientos son cosas; una es el interior y la otra es el exterior de la misma realidad. El Dr. Phineas Parkhurst Quimby, de Maine dijo hace 100 años: "El hombre se mueve como lo mueven; el hombre actúa como lo hacen actuar". En la actualidad, esto es una moderna verdad psicológica.

Sus ideas lo gobiernan y lo dominan; su idea tiende a ejecutarse a sí misma. La facultad primordial del hombre es su imaginación; debe emplearla sabia, juiciosa y constructivamente. Imagine lo que es bello y bueno. *"Hagamos al hombre a nuestra semejanza"* (Génesis 1:26). Dios se imagina a Sí Mismo como el sol, la luna, las estrellas, el mundo y el hombre; luego siente ser lo que imagina que es. La idea y el sentimiento se unen (masculino y femenino), y surge el cosmos. Dios se imagina a Sí Mismo como hombre; entonces, por medio del sentimiento, se convierte en lo que imaginó ser.

Proporciónele vida y confianza a su imagen, y vivirá en su experiencia. Así es como usted se convierte en lo que usted se quiere convertir. Usted se transforma en cualquier cosa a la que agrega YO SOY. YO SOY es el nombre de Dios, que significa Ser, Conciencia o Vida pura. Si usted manifiesta: "Estoy enfermo", se enfermará; si indica: "soy pobre", se volverá pobre. ¿Por qué unirse al sentimiento de pobreza? Empiece a afirmar: "Soy fuerte, sano, perfecto, poderoso, radiante, iluminado, maravilloso e inspirado". Sienta la verdad de lo que afirma, y se realizarán maravillas en su vida.

No permita que su sentimiento se una a una imagen de limitación, porque usted generará las consecuencias de su alianza perjudicial.

CONFIE EN LA LEY DE CRECIMIENTO

Volveremos a exponer algunos de los puntos sobresalientes de estas verdades importantes sobre las que nos hemos explayado en este capítulo. Usted no le inyecta vitalidad a la semilla que siembra, sin embargo, la debe depositar en la tierra, regarla con regularidad, y así acelerar su crecimiento. Veamos su mente. La semilla es su deseo de ser, hacer y tener; debe depositarla en la tierra receptiva de su mente, no debe emplear fuerza ni coacción mental, ni tratar de hacer que se realice. Su tarea es impedir que los pensamientos negativos de duda y temor se introduzcan, pues tienden a neutralizar su oración afirmativa. Permita pasar al sentimiento de placer y satisfacción imaginando la realización de su deseo.

Su deseo o idea es la substancia de las cosas que quiere, y la prueba de las cosas que no se ven. Su deseo es tan real como su mano o su corazón, y tiene su propia forma, configuración y substancia en otra dimensión de la mente. *"Crea que lo tiene ahora, y lo recibirá"*. Debe considerar su creación mental o su idea como una realidad espiritual; luego confíe implícitamente en la ley de crecimiento para que lo haga suceder. Camine en la paz de que es así hasta que el día amanezca y las sombras desaparezcan.

INSPIRESE A SI MISMO

1. El deseo es la causa de todo el sentimiento y de toda la acción, y es el principio que mueve el universo.
2. Comprenda que hay una Inteligencia Infinita en su interior, la cual puede realizar su deseo y usted superará todo sentimiento de oposición y frustración.

3. Existe un poder en su interior que lo elevará y lo pondrá en el camino la felicidad, salud y realización de sus sueños más preciados.

4. Nuestros propios pensamientos y creencias falsas son lo único que nos mantiene en la mediocridad, en condiciones miserables o con mala salud.

5. Usted no se degrada o rebaja cuando friega un piso sucio o limpia establos. El aseo sigue a la Santidad y todo trabajo es honorable.

6. Lo bueno y lo malo son sus propios pensamientos. Usted le da color a todo el universo por su forma de pensar y sentir.

7. Un deseo intenso de ser y hacer lo pondrá en el camino fácil hacia el éxito y la realización.

8. La imagen que tiene en su mente apoyada por la fe será manifestada por la mente subconsciente.

9. Cuando va a vender una casa, imagine que tiene el cheque, agradezca el cheque y regocíjese por tenerlo. Sienta su realidad y su mente subconsciente lo hará suceder.

10. Usted es lo que imagina y siente que es.

11. Considere su idea mental como una realidad espiritual; luego, implícitamente, confíe en la ley de crecimiento que la hará suceder. Camine en la suposición de que así es, y experimentará la dicha de una oración contestada.

UN ANTEPROYECTO DE ARMONIA Y PAZ MENTAL

11

Jesús dijo: "*La paz os dejo, mi paz os doy. No se turbe vuestro corazón, ni tenga miedo*" (San Juan 14:27).

Lo que más desea todo hombre es tener paz mental. Cuando el hombre no puede realizar sus deseos de salud, abundancia, expresión verdadera, éxito y realización se frustra y sufre de conflictos y agitación internos. La paz interna le llega al hombre cuando él está consciente de un Poder Todopoderoso que puede hacer que se manifiesten sus deseos de ser, hacer y tener.

El secreto para tener paz mental duradera es identificarse con la Presencia y Poder Infinitos que se encuentran en su interior, los cuales simbolizan la paz inefable. Conforme usted se una mental y emocionalmente al amor, armonía y poder de Dios y sienta que estas cualidades fluyen en su interior, disipará y eliminará todas las bolsas de pensamientos negativos que producen enfermedad, y patrones de pensamientos de venganza, odio, y resentimiento que lo mantienen tenso, agitado y fatigado.

Recientemente, leí en un artículo del periódico que un distinguido psiquiatra indicó que debido a trastornos emocionales agudos, había cerca de diez millones de personas en instituciones mentales. Muchas de estas personas están llenas de temor y frustración y la envidia y el resentimiento los consume. Todos estos venenos mentales son generados por pensamientos incorrectos y por no pensar en forma constructiva y armoniosa. Con el fin de experimentar armonía y tranquilidad, usted debe mantener el control emocional en medio de la tensión.

Hace algunos días, el Dr. E. McCoy de Beverly Hills, California, me informó acerca de un experimento del Dr. Hans Selye en el Instituto de Medicina y Cirugía Experimental de la Universidad de Montreal, el cual demostró que en momentos de tensión y de fatiga, las glándulas suprarrenal y pituitaria descargan hormonas potentes en la corriente sanguínea con el fin de combatir cualquier amenaza al bienestar del cuerpo. Por ejemplo, si usted tiene fiebre, gripe o se lastima accidentalmente, el mecanismo de defensa, que es el proceso de curación que generan las glándulas suprarrenal y pituitaria, se moviliza para enfrentarse a la emergencia. Sin embargo, si usted tiene imágenes de enfermedad, tragedia, pérdida o accidente, su mente suconsciente no distingue entre estados de tensión causados por preocupaciones y estados de tensión subconsciente causados por heridas físicas o enfermedades corporales reales.

El Dr. Selye ha mostrado claramente que si una persona insiste en preocuparse, disgustarse e inquietarse por imágenes negativas, el exceso de hormonas que se generan por esto, causan estragos en el cuerpo y el individuo se ocasiona a sí mismo enfermedades como diabetes, artritis o cualquier mal psicosomático.

ESTABA LIBRE DE ASMA
CUANDO VISITABA A LA ABUELA

Recientemente, platiqué durante algún tiempo con un pequeño de diez años de edad. Padecía de asma y estaba muy tenso; su doctor lo había sometido a diversos análisis y le recetó compuestos antiespasmódicos, sin embargo, los ataques de asma persistían.

El niño me informó que cuando visitaba a su abuela en San Francisco, nunca sufría de ataques. El año anterior había permanecido ahí durante todo el verano y había estado libre de todos los síntomas. El padre de este muchacho era dictatorial, tirano y muy agresivo; era áspero y lo regañaba constantemente y encontraba faltas en su trabajo escolar. Su madre estaba ocupada durante el día pues acostumbraba asistir a comidas y a reuniones sociales y a su hijo le proporcionaba poca atención, amor o devoción. Por lo regular, los padres discutían a la hora de la comida en forma violenta, y el pequeño temía que perdería a uno de sus padres. Su asma era un síntoma de su temor y la sofocación de la fuerza de la vida que se encontraba en su interior.

Los padres decidieron orar juntos, alternaban, cada noche, uno de los Salmos, como el 23, 37, 91, 46, 1 y 2. Una nueva atmósfera de paz, un ritmo más lento y una mayor sensación de amor, armonía y buena voluntad se sintió en ese hogar. El asma del muchacho desapareció; sus músculos bronquiales se habían contraído porque vivía en una atmósfera muy tensa y negativa. Cuando existe resentimiento y hostilidad en la atmósfera hogareña, los niños sufren en consecuencia. En realidad, crecen a imagen y semejanza de la atmósfera mental dominante en el hogar.

COMO EXPERIMENTAR PAZ MENTAL

La paz mental es lo que más desea el corazón humano. Con el propósito de experimentar este sentimiento interno de paz, usted debe ponerse en armonía con el Dios de paz y permitir que Su río de paz fluya en su interior. Ya no disipe su energía en disgustos, inquietudes y preocupaciones perjudicando así sus reservas emocionales, físicas y espirituales. Existe un anteproyecto maravilloso de armonía y paz mental en el capítulo octavo de San Mateo sobre el cual sería buena idea meditar ocasionalmente.

"*Y he aquí que se levantó en el mar una tempestad tan grande que las olas cubrían la barca; pero él dormía. Y vinieron sus discípulos y le despertaron, diciendo: ¡Señor, sálvanos, que perecemos! El les dijo: ¿Por qué teméis, hombres de poca fe? Entonces, levantándose, reprendió a los vientos y al mar y se hizo grande bonanza*". (San Mateo 8:24-26).

Los vientos se encuentran en nuestro interior, en forma de nuestros temores, ansiedades, y presagios conscientes, y las olas son la desesperación, melancolía, odio y terror. La tempestad del mar se encuentra en su interior y usted puede tranquilizar las ruedas de su mente y afirmar con calma: "La Presencia de Dios fluye en mi mente consciente como aplomo, equilibrio y paz, y en mis emociones como amor y fe en Dios, y en mi cuerpo como fuerza". Conforme usted realice esto, descubrirá que una paz interna y la calma fluyen en todo su ser.

La Biblia afirma con sencillez total: *"Y se hizo grande bonanza".* Los pensamientos de Dios y abrirle su corazón a la Presencia de Curación que se encuentra en su interior lo ponen en armonía con Dios y liberan las fuerzas espirituales que le proporcionan una paz que traspasa la comprensión.

COMO VACIAR LAS BOLSAS VENENOSAS

No puede existir una paz interna hasta que todos los pesares, odios, resentimientos, rencores, y deseos de venganza sean expulsados de la mente y del corazón. Esta clase de pensamientos forman bolsas de veneno en la mente subconsciente, las cuales causan presión sanguínea alta, insuficiencia cardiaca y gran cantidad de síntomas diversos y enfermedades. Cuando su mente subconsciente está llena de sentimientos de culpabilidad, usted tiene la sensación de que debe ser castigado y en consecuencia, procede a sufrir en forma inconsciente.

Vacíe todas las bolsas de veneno, odio, mala voluntad y autocondena y llene su alma de amor de Dios. Debe sentarse, relajarse, y calmarse, y durante 10 ó 15 minutos todos los días afirmar: "El amor de Dios llena mi mente y mi corazón, y derramo amor y buena voluntad hacia todos los que están a mi alrededor y hacia todas las personas del mundo. Si estoy resentido o le tengo mala voluntad a cierta persona en particular, lo señalo a él o a ella en mi mente y derramo bendiciones sobre él (ella) hasta que lo observo en mi mente sin sentir irritación". Una mente limpia y un corazón sano son esenciales para tener armonía, aplomo y paz mental. Además, usted tendrá un magnífico sentimiento de salud perfecta y energía vital.

LOS FARMACOS NO LE PUEDEN PROPORCIONAR PAZ MENTAL

Muchas personas toman tranquilizantes con el fin de obtener cierta sensación de paz y relajación. A pesar de que los fármacos lo pueden estimular durante cierto tiempo y proporcionar una sensación de bienestar, son transitorios en su efecto y no cambian su actitud mental, lo cual es esencial. Las píldoras para estimular o los sedativos no son la solución para la ansiedad, exceso de tensión o preocupación.

Comprender la presencia y el poder de Dios que se encuentran en su interior y estar consciente de su capacidad mental para ponerse en armonía con el Poder Divino le permitirán traer orientación, armonía, orden divino y abundancia a su vida. La naturaleza de este Poder Infinito es responder a la naturaleza de su pensamiento.

Recuerde, el Poder Creativo se encuentra en su interior y no en las circunstancias, hechos u otras declaraciones o acciones de los demás. Otras personas o condiciones pueden sugerirle ciertas cosas, sin embargo, usted es el único que piensa en su universo y puede negarse a aceptar sugerencia negativa alguna de cualquier naturaleza.

Usted crea su propio exceso de tensiones, ansiedades y presión sanguínea alta por la forma como reacciona mental y emocionalmente a las personas, condiciones y hechos. Empiece a pensar, hablar, actuar y responder desde el Centro Divino que se encuentra en su interior. Antes de que su mente estalle o explote por los problemas, diga: "El Dios que se encuentra en mí piensa, habla, y actúa y responde a todas las cosas". Esto tranquilizará su mente y lo mantendrá en oscilaciones más altas del Espíritu. Todos debemos saber que nos encontramos aquí para enfrentarnos a los retos, dificultades, problemas, tensiones y fatigas de la vida. Es incorrecto drogarnos para no sentir las tensiones o ansiedades de la vida. Estamos aquí para superar los retos y las pruebas de ésta; de otra manera,

137

nunca descubriremos la Divinidad en nuestro interior.

LA DICHA SE ENCUENTRA EN LA SUPERACION

La dicha se encuentra en la superación y en la solución de los crucigramas de la vida. Si los crucigramas ya tuvieran las contestaciones y estuvieran resueltos y usted sólo tuviera que llenar los cuadros, en realidad, los consideraría aburridos e insípidos. No debe refrenar ni suprimir su desarrollo espiritual y mental drogándose a sí mismo hasta perder toda iniciativa e incentivo para sentir la dicha de la vida. Usted no desea ser un autómata que camina; todo fracaso en la vida es un escalón para llegar al triunfo. Usted nació para ganar; es un conquistador; triunfa en todas las circunstancias, porque Dios mora en usted. Por lo tanto, todos los problemas son superados en forma Divina.

Si usted es un hombre de negocios o un ama de casa, y está preocupado por problemas económicos, dificultades por relaciones humanas, irritaciones, enfermedades o si piensa que su carga y responsabilidades son demasiado pesadas, debe estar consciente y comprender que existe una sabiduría en usted, la cual le permitirá trascender todas estas dificultades y le revelará la solución perfecta. Ya no se convierta en víctima de sugerencias externas. Puede pensar en Dios y en Su poder, y en el momento en que lo haga, Su poder y sabiduría empezarán a fluir en respuesta a su llamada. Debe seguir la señal del Centro Divino y no la de la manifestación externa.

USTED ESTA A CARGO

La causa está en el interior, en su propio pensamiento y sentimiento; usted dirige el barco; es el capitán; y es capaz de llevarlo al puerto donde desea ir. Si usted pelea mentalmente con las condiciones, circunstancias y problemas ambientales, en realidad, convierte un efecto en una causa y magnifica sus dificultades y problemas. Usted crea sus propias ansiedades, neurosis, hipertensiones y dolores de cabeza por su forma de reaccionar y sentir.

La causa no es su trabajo, su jefe, ni su vecino; la causa se encuentra en su interior y es generada por sus propios pensamientos. Recuerde, usted y únicamente usted es responsable de la forma en que piensa sobre la otra persona o condición; el único que piensa en su universo es usted. ¿Cómo es su forma de pensar?

EL ODIO ES VENENO MORTAL

Hace algún tiempo, recibí una carta de un hombre quien indicaba que aceptó a su sobrino en su negocio, lo convirtió en socio y tuvo completa confianza en su integridad y honestidad. Sin embargo, el sobrino desfalcó, en un período de tres años, más de $30,000 dólares. El contador descubrió la malversación y el sobrino la admitió.

Este hombre informó: "Odio a mi sobrino; estoy muy enfadado; tuve confianza en él; ¿por qué me sucedió esto?"

El odio es un veneno mortal que debilita todo el organismo y resulta en deterioro mental y físico. Le expliqué a este hombre cómo perdonar, perdonándose a sí mismo en primer lugar, es decir, poniendo sus pensamientos en armonía con el amor Divino y la armonía Divina, para luego seguir el mandato de la Biblia: *"Tu fe te ha salvado"*.

SU FE SE ENCONTRABA EN EL LUGAR EQUIVOCADO

La fe significa estar consciente de un Poder Invisible y de una Presencia que es la única Inteligencia Creativa en el universo.

Este hombre empezó a comprender que su fe debía estar en el amor de Dios, en la bondad de Dios, en la orientación de Dios, y en su ley y orden Divinos. El tenía fe en doctrinas, dogmas, conceptos tradicionales, en la gente, en ciertas instituciones y en sus fórmulas para la salvación. Su fe se encontraba en el lugar equivocado, sin embargo, empezó a comprender que la fe en el Principio Eterno de la Vida que se encuentra en su interior nunca le fallaría, sigue igual ayer, hoy y siempre.

Existe un verso de un viejo himno que dice: "En todo mi alrededor observo cambio y degeneración ¡Oh Tu que cambias no moras en mí!". Todo en este mundo cambia y perece; las religiones vienen y van, los gobiernos surgen y caen, las instituciones, dogmas, doctrinas e imperios desaparecen, sin embargo, los principios y las verdades eternas de Dios son perpetuas.

Usted debe fijar su mente y su corazón en Dios; El siempre lo sostendrá. Su verdadera fe no debe encontrarse en acciones, bonos, dinero, bienes raíces, parientes o socios, sino en Dios. El es el Eterno, la fuente constante de donde fluyen todas las bendiciones.

Dios es constante; todo lo demás es inconstante. Observe cómo la fe de tantas personas en la bolsa de valores sufre altibajos cuando las acciones bajan. De la misma manera, cuando un conocido suyo cambia su disposición 'o actitud, o usted se da cuenta de ciertos defectos en su comportamiento pierde su confianza en él. Usted ha escuchado las siguientes expresiones: "Perdí la confianza en él"; "nunca podría volver a confiar en él"; "he perdido la fe en la gente".

LA EXPLICACION FUE LA CURACION

Coloque su fe en Dios y en todo lo bueno y atraerá hacia sí, por medio de una ley inmutable, a gente, condiciones, circunstancias y hechos en la imagen y semejanza de su contemplación. Su fe debe estar en un Dios de amor, la Inteligencia Infinita y la Sabiduría Ilimitada, que es El Eterno, El que Todo lo Sabe y El Todopoderoso. Dios se convierte para usted en lo que usted concibe que es. Por lo tanto, si afirma con audacia: "El amor de Dios me rodea, la paz de Dios me llena el alma, la luz de Dios me muestra el camino, la orientación de Dios es mía ahora, la belleza de Dios llena mi alma, Dios prospera en mí de todas formas", se realizarán milagros en su vida. Su mundo se fusionará mágicamente con la imagen y semejanza de su contemplación dichosa.

Su pensamiento es creativo, y usted es lo que piensa

durante todo el día. Este conocimiento y comprensión lo liberarán de temores, preocupaciones y ansiedades de todo tipo.

Esta explicación produjo un cambio profundo en la mente del hombre que odiaba a su sobrino. Comprendió que no existía causa de odio, venganza, ni mala voluntad de ninguna clase. Se curó maravillosamente, puesto que la explicación también fue la curación.

El amor es la realización de la ley de salud, felicidad, y paz. El amor es ser leal y dedicado al Unico Poder, la Causa Suprema, y no aceptar a ningún otro. Sus pensamientos son la causa de que este Poder fluya de acuerdo con su naturaleza. No existe división o discusión en este poder espiritual; una parte del Espíritu no es antagónica a la otra. Es Integridad, Belleza, y Perfección y se mueve como una Unidad. Debe alinearse con Esta y permitir que este amor Divino fluya en usted como ritmo, armonía y paz Divinos.

UNASE A DIOS

Recuerde, usted se dirige hacia donde se encuentra su visión. Si imagina que va a fracasar, puede trabajar mucho durante 14 horas al día y sin embargo, no tendrá éxito. Si su suposición es falsà, su conclusión tendrá que ser falsa; establezca la suposición correcta, recuerde que la mente es silogística en su funcionamiento y actúa infaliblemente de suposición a conclusión. Si está consciente de estas verdades obtendrá aplomo, equilibrio y paz mental.

Unase a Dios; piense en grande, sienta en grande y comprenda en su corazón que ahora está en comunión con Dios Todopoderoso. Debido a su unión con El se siente fuerte, confiado, sereno y triunfante. Usted está conectado con el Unico Ser, el Principio de la Vida que todo lo anima. Cada vez que se sienta débil, inadecuado, nervioso o inseguro, únase con su Padre que se encuentra en su interior y diga: "El salvó mi alma".

La comunión real con Dios es pensar y actuar de

esta manera, además, es la verdadera oración del orden más elevado; usted es un ser espiritual, que vive en un universo espiritual, gobernado por un Dios perfecto, que opera bajo Su perfecta ley Divina. Esté consciente de esto, y usted nunca se sentirá inadecuado o inferior; ni criticará ni condenará a otros. Usted sabe que toda persona tiende a proyectar hacia otras lo que siente en su interior.

Conforme usted se une con Dios, ya no proyectará sus insuficiencias, defectos, anormalidades ni inferioridades. Sintiendo su unidad con Dios cada hora y cada día, proyectará una radiación, un brillo, una confianza, una dicha y una vibración de curación que bendice a todos los que se encuentran en su órbita. Su dependencia total se encuentra en Dios y en Su ley, que nunca fallan, *"El nunca falla"*. Su fe debe estar en la verdad de Ser; debe estar basada en la perspicacia, sabiduría y comprensión. Si usted está preocupado o ansioso por alguna oración no contestada, entréguela al Ser de Dios en su interior, de la siguiente manera: "Acepto esto, Dios,y Tu sabiduría, que es algo grandioso, lo más grande y maravilloso. Gracias Padre".

Esta actitud mental vaciará su mente de temor, aprensión y tensión. Este es su anteproyecto de armonía y paz mental.

UNA ORACION PARA TENER ARMONIA Y PAZ MENTAL

"Tú mantendrás en paz perfecta a aquel cuya mente está en ti, porque confía en ti". Estoy consciente de que los deseos internos de mi corazón provienen de Dios que se encuentra en mi interior, Dios quiere que sea feliz; la voluntad de Dios para mi es vida, amor, verdad, y belleza; mentalmente, acepto mi bien ahora, y me convierto en un canal perfecto para lo Divino. Llego a Su Presencia cantando; entro en Su atrio con alabanza, soy dichoso y feliz; estoy tranquilo y tengo aplomo.

La Tierna Voz Tranquila murmura en mi oído revelándome la solución perfecta. Soy una expresión de Dios; siempre estoy en mi lugar verdadero y llevo a cabo lo que más me gusta hacer; no acepto las opiniones del hombre como verdaderas. Ahora me vuelvo hacia el interior, y siento y percibo el ritmo de lo Divino; escucho la melodía de Dios que murmura su mensaje de amor.

Mi mente es la mente de Dios y yo siempre reflejo la sabiduría Divina y la Inteligencia Divina; mi cerebro simboliza mi capacidad de pensar sabia y espiritualmente. Las ideas de Dios se desenvuelven en mi mente con secuencia perfecta. Siempre tengo aplomo, equilibrio, serenidad y calma pues comprendo que Dios me revelará la solución perfecta para todas mis necesidades.

CONSEJOS UTILES Y PROVECHOSOS

1. La paz le llegará cuando comprenda que Dios, quien le dio el deseo de salud, felicidad, abundancia y seguridad, puede hacer que todos sus deseos se realicen en Orden Divino.

2. Debe mantener en su hogar una atmósfera de armonía y paz. Recuerde que los hijos crecen en la imagen y semejanza de la atmósfera mental dominante del hogar.

3. Usted puede ponerse en armonía con el Dios de la paz que se encuentra en su interior y experimentar una paz que traspasa la comprensión.

4. Los pensamientos del amor ilimitado de Dios de armonía absoluta, y abrirle el corazón a la Presencia de Curación. lo llevan hacia armonía con Dios y Sus leyes.

5. Usted no podrá encontrar paz interior hasta que vacíe su mente de todas las bolsas de odio, mala voluntad y autocondena. Realiza esto cuando llena su alma del amor de Dios.

6. Los tranquilizantes no le proporcionarán aplomo ni paz mental porque son transitorios. La causa se encuentra en su propio pensamiento y sentimiento. Ocupe su mente con pensamientos de paz, amor, y buena voluntad hacia todos. El cambio en su actitud le proporcionará paz y armonía.

7. La gran dicha se encuentra en la superación y en enfrentarse a los retos de la vida. La emoción, la dicha, y el éxtasis se encuentran en la solución de los crucigramas de la vida y no drogándose a sí mismo hasta perder toda iniciativa e incentivo.

8. Recuerde, usted y únicamente usted es responsable de la forma en que piensa. Usted es el único que piensa en su universo. ¿Cómo es su forma de pensar?

9. El odio es un veneno mortal que debilita todo el organismo. Debe poner sus pensamientos en armonía con el amor y la armonía Divinos y encontrará paz interna.

10. Su fe debe estar en el amor de Dios, en la orientación de Dios, en la armonía de Dios, y en la ley y orden Divinos. La verdadera fe debe encontrarse en el funcionamiento de su mente consciente y subconsciente y en las realidades de Dios que nunca cambian. Permita que su fe esté en Dios y en todo lo bueno, y se realizarán maravillas en su vida.

11. Su pensamiento es creativo, y usted es lo que piensa durante todo el día. Este conocimiento lo liberará de innumerables temores, preocupaciones, presagios y ansiedades de todo tipo.

12. El amor es la realización de la ley de salud, felicidad, y paz. El amor es ser leal y dedicado al Unico Poder, la Causa Suprema, y no aceptar a ningún otro. Cuando ame a Dios, amará a todos los hombres.

13. Recuerde, usted se dirige hacia donde se encuentra su visión. Piense en grande, sienta en grande y comprenda en su corazón que usted está en comunión con Dios y proyectará una radiación, un brillo, una confianza, una dicha y una vibración de curación que bendecirá a todos los que se encuentren en su órbita ahora y siempre.

COMO TRIUNFAR SOBRE LOS SENTIMIENTOS DE CULPABILIDAD

12

Todo hombre debe tener un sentimiento de amor propio; debe dar su aprobación al Ser que se encuentra en su interior y honrar las cualidades, atributos y potenciales de Dios. Dios mora en todos los hombres y el Ser en cada uno es la presencia del poder de Dios. Cada hombre debe sentir que es querido y deseado, que tiene aptitud para toda tarea, que en el esquema de la vida se le necesita y que está desempeñando su papel en el universo. El hombre está aquí para expresarse totalmente y tener una sensación de mérito y seguridad en su unidad con Dios. Puesto que el hombre vive consigo mismo todo el tiempo, debe aprender a estimarse. A menos que el hombre alabe al Ser de Dios que se encuentra en su interior, se sentirá inferior, inepto, inseguro y tal vez se considerará pecador. Ningún hombre que se considere a sí mismo pecador puede ser feliz. Existe una profunda necesidad psicológica y espiritual en los corazones de todos los hombres de todo el mundo de tener amor propio. A través del tiempo, se han inventado muchas ceremonias, ritos y métodos para expresar el propósito de eliminar el sentimiento de pecado y culpabilidad. En el que se han sumido las masas.

EL SENTIMIENTO DE CULPABILIDAD

Al sentimiento de culpabilidad se le llama enfermedad mental (enfermedad significa "estar mal"), y es muy común. En el campo de la psicosomática moderna y de la medicina psiquiátrica, se señala claramente que un sentimiento profundo de culpabilidad, junto con un sentimiento de frustración, es la base de la mayoría de nuestros trastornos mentales y, en consecuencia, se encuentra detrás de los conflictos de personalidad y de enfermedades del cuerpo, así como de las condiciones en el hogar y en el negocio. El sentimiento de culpabilidad es anormal y artificial, aunque parece ser casi universal. Por ejemplo, un niño no nace con un sentimiento de culpabilidad. Por lo general, el sentimiento de culpabilidad le es impuesto del exterior, junto con las creencias de la mente de la raza, por sus padres, maestros y niñeras.

SIN SENTIMIENTO DE PECADO

Todos sabemos que un bebé no tiene sentimiento de pecado. El primer sentimiento de culpabilidad del bebé se presenta cuando siente que la madre está enojada o disgustada con él. Para él, la madre es más o menos un dios; además, representa la autoridad y la ley. Depende de su madre para obtener alimentos, comodidad, amor y seguridad.

AISLADO DEL AMOR

Cuando nacemos, no tenemos ningún sentido de los valores verdaderos o muy poco. De niños no teníamos idea alguna de las religiones hechas por el hombre, creencias, dogmas o costumbres, o las leyes hechas por el hombre, estatutos o reglamentos. Al principio, el niño es como un pequeño animal y está libre de inhibiciones y hace lo que parece natural. Sin embargo, la madre lo puede regañar o tal vez lo reprime bruscamente; podrá decirle que es un niño malo y que Dios lo castigará. El niño no entiende y está confundido; instintivamente, se siente aislado del amor, de la seguridad y de un sentimiento de amabilidad y afecto. Siente que lo castigan por algo que no entiende, está confundido y concluye que debe ser malo. Tiene su primer sentimiento de culpabilidad y de ser un pecador;

146

está perplejo y procede a protegerse a sí mismo. Inconscientemente, reacciona al regaño de su madre o a la demostración de enojo de diferentes formas. Podrá volverse temeroso o defenderse a su propia manera por medio de un berrinche debido a su conflicto interno.

El fracaso del niño de hacer que sus deseos se realicen cuando éstos son contrarios a los deseos de sus padres (y posteriormente a las leyes y costumbres religiosas, sociales y estatales) hace que sea más profundo su sentimiento de culpabilidad y pecado. En forma intuitiva, quiere hacer lo que es natural para él, sin embargo, la autoridad dice: "no". El resultado es cierto conflicto con la autoridad.

AGARRO EL ANILLO AVIDAMENTE

El otro día, estuve en una casa y el pequeño que se encontraba allí admiró el anillo que llevaba yo puesto y lo agarró ávidamente. Su madre le dijo en términos tajantes que no podía tener el anillo, y el niño empezó a llorar. Más adelante, el pequeño tendrá que aprender que puede obtener lo que quiere en la vida por medio de la Ley y el Orden Divinos sin infringir los derechos de otros. A medida que el niño crezca en sabiduría y comprensión aceptará de buena fe las restricciones de las leyes y de las costumbres y manipulará su propio camino por la vida con éxito. El impulso cósmico para expresarse se encuentra en todos nosotros, y cuando nos expresamos de tal manera que sentimos satisfacción por nuestras realizaciones y nuestras creaciones somos felices. Cuando erramos y fracasamos en la vida, nos sentimos infelices y deprimidos; empezamos a pensar que estamos fuera del amor y estimación de los demás.

El propósito de este libro es mostrarle al hombre cómo puede satisfacer el deseo verdadero de su corazón sin aprovecharse de los demás. Todo hombre entra a este mundo para llevar una vida abundante: "Yo he venido para que tengan vida, y para que la tengan en abundancia" (San Juan 10:10). Este universo es mental y espiritual y lo que el hombre desea, la mente lo puede afirmar, apropiar y aceptar. El hombre debe abrir su mente y su corazón a la comprensión de Dios quien le dio el deseo y también le revelará el camino perfecto para su manifestación. El hombre debe creer en su corazón, aceptar la realidad de su idea o de su deseo en su mente, agradecerla, y a pesar de las apariencias, condiciones, o circunstancias debe estar consciente de que el Espíritu Todopoderoso Viviente responderá, creando su objetivo de salud, felicidad, paz y la realización de sus sueños en Ley y Orden Divinos. El sentimiento del hombre de unidad con un Dios de amor quien es su Padre Celestial hará que se esfume todo sentimiento de culpabilidad y vergüenza.

LA CULPABILIDAD EN LOS TIEMPOS ANTIGUOS

En los tiempos antiguos, las personas sacrificaban sus bueyes, corderos, chivos y palomas con el fin de apaciguar lo que supersticiosamente creaín que eran dioses de ira. Cuando había tormentas, o había sequía, la cosecha se arruinaba, la gente pensaba que los dioses estaban enojados. El sacerdote tenía que darle a la gente una respuesta y si no les decía lo que ellos creían que era una contestación verosímil lo mataban, por lo tanto, estos sacerdotes se encontraban en la obligación de dar contestaciones satisfactorias para las supersticiones de estas personas.

EL HOMBRE PRIMITIVO Y PREHISTORICO

En la antigüedad, el hombre comprendía que estaba sujeto a fuerzas sobre las cuales no parecía tener control. El sol le daba calor, sin embargo, también era la causa de la tierra abrasada. El fuego lo quemaba, los truenos lo aterrorizaban y el agua inundaba sus tierras y ahogaba a su ganado. Su idea del poder externo era su creencia primitiva y fundamental de Dios. Concibió amor o aversión por estos elementos o fuerzas de la naturaleza y el temor y la esperanza dieron lugar a la primera idea de la religión. El hombre primitivo en su razonamiento infantil comprendió que cuando otro hombre, más fuerte que él estaba a punto de lastimarlo, lo podía sobornar u ofrecerle ciertos regalos y humillarse en otras formas, apaciguando, en consecuencia, la actitud del otro. De este razonamiento crudo procedió a implorar a la inteligencia de los vientos, las estrellas y las aguas en espera de que lo escucharan y respondieran a sus oraciones. Luego hizo ofrendas y sacrificios a los dioses del viento y la lluvia.

PODERES BUENOS Y PODERES MALOS

Los primeros hombres imaginaron que el universo estaba lleno de incontables dioses. Sus ideas de Dios se encontraban divididas de acuerdo con las sensaciones de placer y dolor, y se derivaban únicamente de las fuerzas de la naturaleza. Dividían a los dioses y genios en poderes benéficos y poderes malévolos, de aquí la universalidad de estas dos ideas en todos los sistemas de religión.

De este breve repaso del origen y la causa de la culpabilidad, pasaremos a casos específicos de ésta.

DESEABA AHOGAR A SU MADRE

Hace algunos meses, me consultó una madre con su pequeño hijo de ocho años de edad. Le pregunté al niño la razón por la cual mojaba la cama todas las noches. El muchacho respondió: "Deseo ahogar a mi madre". En realidad, estaba ahogando a su madre en resentimiento. En su educación religiosa le habían enseñado que era incorrecto odiar y tener resentimiento y tenía un profundo sentimiento de culpabilidad. Se quejó de su madre y manifestó que cuando ella estaba enojada, le reprochaba: "Mocoso malcriado, eres un pecador; eres un pícaro; Dios te va a castigar; por esto vas a sufrir". Luego agregó el pequeño: "A mi hermano nunca le llama la atención".

Hice que la madre cambiara de actitud, y dejara de criticar a su hijo. Le dijo que lo quería y que le importaba y que ante sus ojos era absolutamente igual que su hermano. La madre aprendió la sencilla verdad de que los niños crecen conforme a la imagen y semejanza de la atmósfera mental y espiritual existente y dominante en el hogar.

Con frecuencia, oró de la siguiente manera: "John es hijo de Dios; es cariñoso, amable y cooperativo; crece en sabiduría, comprensión y armonía y yo irradio amor, paz, dicha y buena voluntad hacia él; imagino que es radiante, dichoso y feliz. El amor de Dios llena su mente y su cuerpo. Todas las noches, duerme en paz y despierta dichoso. Dios lo ama y lo cuida; está curado tiene salud y es perfecto".

En una semana, estaba completamente curado. El hijo sintió en forma subconsciente las oraciones de la madre y reaccionó en consecuencia.

ESTABA EN CONTRA DE LA AUTORIDAD

Un muchacho de 16 años de edad vino a consultarme; tenía problemas con la policía, con sus maestros, con los vecinos y resentía a sus padres. El padre era cruel y tiránico, y en ocasiones le pegaba a su madre. El muchacho reaccionó con hostilidad, agresividad y resentimiento. Reprimió la ira que sentía hacia su padre y ésta se convirtió en una llaga ulcerada.

Le expliqué que la razón por la cual se oponía a la autoridad estribaba en que él estaba peleando, en forma psicológica contra una imagen paterna. Sus maestros, y los policías locales eran símbolos de autoridad. Tuve éxito en reunir al padre y al hijo; ellos ventilaron sus hostilidades mutuas y su enojo, y comprendieron que los dos estaban equivocados. El padre, la madre y el hijo se reunieron todas las noches y oraron, con sinceridad, por la paz, armonía, dicha y comprensión del otro. A medida que continuaron irradiando amor, paz, y buena voluntad hacia el otro, el patrón total de la vida hogareña cambió, y el jovencito ahora está feliz en la escuela. La oración cambia las cosas.

TODOS SE SOMETEN A LA AUTORIDAD

El Presidente de los Estados Unidos de Norteamérica se somete a una autoridad; el Congreso tiene poder sobre

150

él. Tenemos que vivir y tenemos que ajustarnos a la auto ridad; en cualquier lugar hay autoridad. Debemos aprender a establecer un control sobre nuestros pensamientos, sentimientos y respuestas; debemos hacernos cargo de nuestra propia mente. Cuando controlamos esta cuartilla heterogénea en nuestra mente y señalamos: "Yo soy el amo; voy a organizar mis pensamientos y voy a indicarles a qué cosas deben poner atención" estaremos actuando como un jefe que les ordena a sus empleados ejecutar sus instrucciones.

El hombre debe controlar su propia mente y no debe permitir que otros lo gobiernen. La mente del hombre promedio es gobernada por creencias, dogmas, tradiciones, supersticiones, temores e ignorancia. El hombre promedio no es dueño de su propia mente; no le pertenece; a menudo, la serie de supersticiones de otros lo gobiernan y lo dirigen.

EL SIGNIFICADO DE LA CONCIENCIA

Debemos estar conscientes de que gran parte del senti miento de culpabilidad proviene de lo que llamamos conciencia. Muchas personas piensan que la voz de la conciencia es la voz de Dios; no es cierto. La conciencia es su sentimiento interior y es otra voz; a menudo, es la voz de la ignorancia, el temor, la superstición, la falsedad y los conceptos extraños de Dios. Conocí a un muchacho que temía que Dios lo castigara porque no asistía los domingos a la iglesia. Esta es la voz interna de la superstición y de las creencias falsas implantadas en él por sus padres o por sus maestros. Esta creencia del muchacho lo hacia sentirse culpable y sentía que debía ser castigado.

A usted cuando era pequeño le dieron tabúes, restricciones, sermones y una serie de "noes"; tal vez, le dijeron que era malo, que era un pecador y que Dios lo castigaría. Quizás, le indicaron que si no se portaba bien y no creía en un credo en particular, un lago de fuego lo esperaba. La mente de los niños se contamina y se infecta por toda clase de nociones extrañas y doctrinas falsas.

DEBO SER CASTIGADO

Un chico manifestó: "Si ando en mi bicicleta sin luces, sentiría que debería ser castigado, que me debería caer porque mi madre señaló: 'Te caerás; te lastimarás; eres desobediente; vas a ser castigado' ".

¡Decir esto a un muchacho es desastroso! Sería mejor indicarle que no ande en bicicleta por la noche sin luces. La madre y el padre le deben explicar en detalle que las instrucciones que le dan son por su propio bien, por su propia autopreservación. Es mucho mejor decirle al muchacho que el amor de Dios siempre lo cuidará, en lugar de asustarlo con terribles sugerencias hipnóticas de peligro.

EXISTE UNA BUENA CONCIENCIA

A los niños nunca se les debe decir que nacieron en iniquidad y que fueron concebidos en pecado. Deben saber que son hijos de Dios y que Dios es su Padre real, y que Dios es Amor. Además, deben aprender que el Amor no puede hacer nada malo. Desde luego, cuando a un muchacho se le enseña la Regla de Oro, amor hacia otros y que la honestidad es la mejor política, se le inculca la "buena conciencia". En el momento en el que el joven está a punto de robar, existe algo en su interior que le dice: "No, no debes hacer eso".

La madre y el padre están ahí para enseñarle al niño la diferencia entre zorrillo y gato, a distinguir entre lo correcto y lo incorrecto. El niño tiene que ir a la escuela; debe aprender modales y debe ser adoctrinado en forma adecuada. Tiene que aprender lo que es correcto, verdadero, noble y divino. Sin embargo, en la actualidad, ¿a cuántos se les enseñan estas cualidades?

NACIO EN EL PECADO

Enseñar a los niños que nacieron con una mancha del pecado original, porque Adán y Eva pecaron, es palabrería eclesiástica, y está completamente fuera de lugar en la interpretación moderna de la vida. En realidad, "el pecado original" significa que el hombre ha olvidado su origen Divino y toma los mandamientos y las supersticiones de los hombres como verdades de Dios. Cada niño en el mundo nace con la mente de la raza y todo lo que su ambiente representa, eso también es uno de los significados del pecado original.

Cuando usted comprende las leyes de su mente y su propia divinidad, ya no está sometido a los tabúes, restricciones, creencias falsas y adoctrinación corrupta que recibió en su juventud. Si quiere limpiar las mentes de sus hijos, practique la Presencia de Dios en su hogar; tenga pensamientos divinos y la casa estará satuarada de un ambiente o atmósfera agradable. Observará a su hijo crecer en la imagen y semejanza del ambiente dominante en el hogar; éste es el significado real del bautismo. Si usted tiene un vaso de agua sucia puede condenar, resentir y maldecir indefinidamente, pero no obtendrá agua limpia. Sin embargo, si usted vierte agua limpia en el vaso en forma constante, tendrá agua limpia.

ESTA MUERTO Y SE HA MARCHADO

Muchas personas están llenas de culpabilidad porque no pudieron visitar a su padre o a su madre antes de su transición a la siguiente dimensión. Sus declaraciones son más o menos como las siguientes: "Oh, me porté mal con mi madre antes de que muriera"; "mi esposo murió y yo no me encontraba con él"; "no perdoné a mi padre; y ahora ha muerto y se ha marchado".

La Biblia le proporciona la respuesta y le enseña a perdonarse a sí mismo y a perdonar a los demás. Lo primero que debe comprendeı es que no existe ni tiempo ni espacio en el Principio de la Mente. En este momento usted puede relajarse mentalmente y pensar acerca de su madre, con quien usted fue injusto de alguna manera. imagine que está conversando con ella, dígale lo hermosa y lo bella que es y cuanto la quiere. Alábela en su mente y esté consciente de que la Presencia de Dios se encuentra ahí y que Su amor, luz, verdad y belleza fluyen en ella; comprenda que está viva con la vida de Dios. Viva esta escena imaginaria hasta que los fragmentos de reacción llenen su alma de dicha. Continúe dramatizando esta escena mental, y la reacción llegará y se sentirá libre; su madre también estará libre. La acción de Dios se ha realizado, y su madre olvidará todo el incidente, también usted lo olvidará. Una curación completa seguirá a este procedimiento.

BORRE ESA HERIDA PSIQUICA

Si usted graba su plática en una grabadora la puede borrar. De la misma manera, usted puede borrar estos traumas psíquicos de su mente subconsciente imprimiendo en su subconsciente las verdades espirituales de Dios. El nuevo tono vibratorio de sus pensamientos borra el antiguo patrón negativo de pensamientos que se encuentra alojado en su subconsciente.

MI CONCIENCIA ES MI GUIA

Recientemente, un hombre comentó: "Mi conciencia es mi guía". Escribía artículos mordaces para atacar a cierto grupo religioso. Le expliqué el funcionamiento de su mente más profunda. Comprendió que sus prejuicios, odios y patrones supersticiosos fueron implantados en su mente cuando era chico, y que su acondicionamiento mental era la razón de su resentimiento, hostilidad y antagonismo hacia otros grupos religiosos.

Mucha gente se ha convertido en víctima de la superstición despiadada y de prejuicios ignorantes. La vida de muchas personas ha sido arruinada por seguir la voz de la conciencia. Un hombre a quien conocía manifestó: "Escucho una voz dentro de mí que me exhorta a matar a mi suegra". La voz que oyó fue bastante real, como las voces y escenas que se escuchan en los sueños. La mente subconsciente siempre dramatiza lo que le imprimimos; es nuestro Libro de la Vida, la cual lleva un registro de nuestros pensamientos, sentimientos y creencias. Le expliqué que su constante odio y resentimiento hacia su suegra era asesinato en su propio corazón y que sus pensamientos malignos y destructivos se hundían, en forma constante, en su mente y al final saturarían al subconsciente con la idea de asesinato. El subconsciente actúa por medio de reacciones y la ley del subconsciente es de compulsión; por lo tanto, terminaría por cometer el asesinato. Las voces que escuchó eran de su subconsciente que le respondía. Mi explicación fue la curación. El bendijo a su suegra y oró por ella; se volvieron amigos y ella lo llama "mi hijo".

LA VERDADERA VOZ DE DIOS

Aquellos que mataron a miles de protestantes en los días de la Inquisición Española, lo hicieron en el nombre de la conciencia. Esta conciencia representó odio y fanatismo religioso. Los eruditos y los arqueólogos tienen pruebas definitivas de que los padres en la Babilonia antigua mataban a pedradas a los niños porque habían cometido alguna infracción menor a ciertas leyes y reglamentos que ellos promulgaban.

En la actualidad, muchas personas que caminan por las calles son víctimas de una conciencia neurótica. Los patrones de la conciencia varían conforme a las diferentes religiones, e influencias raciales y sociales. Usted debe aprender a distinguir entre lo que llama su conciencia y la voz de Dios. Dios siempre habla en paz y nunca en confusión; la voz de Dios siempre es constructiva, armoniosa y pacífica. La voz y las insinuaciones del Divino siempre son salvadoras y tienden hacia la vida más abundante. Cuando tenga un impulso de ir en contra de las leyes de la vida como la Regla de Oro, los Diez Mandamientos o la Epístola del Amor de Pablo en el capítulo 13 de los Corintios, usted sabe muy bien que no puede ser la voz de la Verdad o de Dios.

SE LAVABA 100 VECES AL DIA

Una joven que vino a consultarme afirmó que tenía que lavarse las manos aproximadamente 100 veces al día y que siempre temía a las infecciones. Esta muchacha era católica y su esposo profesaba la religión judía. Vivían bastante felices hasta que ella empezó a recibir cartas de su madre en las que indicaba que la joven se había comportado muy mal y agregaba amenazas religiosas, además de condena moral. Le expliqué a esta muchacha que el Amor no sabe de credos, razas o grupos fanáticos. El Amor transciende todas las creencias; también comprendió que nadie podría destruir su matrimonio mientras el Amor reinase en él. Aprendió a reirse de sí misma por estar tan nerviosa. Comprendió la razón por la que su madre escribía de tabúes, prejuicios y críticas religiosas de todo tipo, y que escribía desde el punto de vista de supersticiones, obsesiones e ignorancia y no desde el punto de vista de Dios o la Verdad. En Dios no existen los griegos ni los judíos, no hay ataduras ni libertad, católicos ni protestantes, hindúes ni ateos. Dios no tiene religión y no conoce las creencias, dogmas, y opiniones del hombre. Esta joven aprendió a orar e imaginó que recibía una carta de su madre que estaba llena de amor, amabilidad y buena voluntad.

LA CARTA IMAGINARIA

Le conté la historia de Orage, un discípulo de P. D. Ouspensky, quien enseñaba a sus alumnos de la siguiente manera: "Redacten una carta como si un amigo les escribiera a ustedes, la cual les causaría mucha satisfacción recibir. Pongan en palabras exactas lo que les gustaría que su amigo les escribiese o les dijese".

Todas las noches, ella abrazaba a su madre en su imaginación e irradiaba amor, paz, y dicha hacia ella; luego leía la carta imaginaria de su madre, la cual llenaba su alma de dicha. Continuó con esto todas las noches, durante aproximadamente tres semanas y al final de este período, recibió una carta de su madre en la que le pedía perdón por sus cartas anteriores y contenía casi las mismas palabras que había imaginado, y con las que se había regocijado todas las noches.

LA MORAL ES GEOGRAFICA

Existen hombres en muchas partes del mundo que tienen varias esposas; ésta es su costumbre o tradición religiosa. Nuestra Biblia nos enseña que el amor es una alianza o una unión de dos almas que buscan su camino hacia el centro de la realidad. Si un norteamericano o un inglés tuviera varias esposas, su conciencia los podría destrozar debido a su sentimiento de culpabilidad. Una mujer en este país no aceptaría ser una de varias esposas; se sentiría culpable y con toda probabilidad enfermaría seriamente en forma mental y física.

LA RESPUESTA A LOS COMPLEJOS
DE CULPABILIDAD

"Pues en vano me honran, enseñando como doctrinas, mandamientos de hombres. Porque habéis invalidado el mandamiento de Dios por vuestra tradición..."

En estos pocos versículos concisos, tenemos la respuesta a los complejos de culpabilidad de millones de personas, supuestamente religiosas e inteligentes. ¿Lo guían y lo gobiernan pensamientos muertos y cubiertas y envolturas de las doctrinas de sus padres y abuelos, o lo controla Dios y Sus verdades espirituales? Aprenda la gran Ley de la Vida; Dios es Vida y esta Vida busca su expresión por medio de usted como belleza, armonía, dicha, amor, ritmo y abundancia. El Reino de Dios está en su interior; la Inteligencia Infinita lo conducirá y lo orientará en todos sus caminos cuando se vuelva hacia Esta y La llame.

La moral de la gente varía en todo el mundo y es de naturaleza geográfica. Se basa en los conceptos tradicionales de la raza ó del país en particular. Las normas morales de las diversas culturas son verdaderas únicamente cuando concuerdan con el Principio de la Vida, el cual siempre busca expresarse a Sí mismo como armonía, salud, paz, dicha, amor, simetría y la vida más abundante.

"USTED DEBE CREER LO QUE DECIMOS"

Hace 2.000 años, fue la voz de la conciencia lo que hizo que la gente dijera a Jesús que no debía curar en el sábado. Estos pensamientos, creencias tradicionales, son contrarios a las leyes de la vida y definitivamente son malignos y destructivos. ¿Les dice usted a sus hijos: "Sus padres tienen la única verdad; deben creer lo que decimos; nunca deben pensar por sí mismos; deben aceptar nuestro dogma"? Esto es desastroso y dictatorial además de ser una actitud totalitaria. Podría ser que todo lo que les enseña a sus hijos sea mentira, y que crezcan acondicionados de tal manera que cuando violen cualquiera de estos tabúes ridículos y grotescos que usted les dio, tengan tales complejos de culpabilidad y sientan tanto temor que procedan a castigarse a sí mismos.

TERMINE CON LA MENTIRA

Existen hombres y mujeres que viven odiándose uno al otro, y que son totalmente incompatibles, sin embargo, temen divorciarse debido a creencias religiosas; están llenos de culpabilidad y piensan que Dios los castigaría. Son víctimas de una educación anterior y de dogmas supersticiosos implantados en sus mentes por inclinaciones fanáticas de sus padres y de otros. Prefieren vivir una mentira que tener la delicadeza de terminarla. Manifiestan: *"Lo que Dios juntó, no lo separe el hombre"*. Dios es Amor, y si el corazón es la cámara de la Presencia de Dios y si Dios no une el corazón del hombre y el de la mujer, el matrimonio es una burla, una farsa, una hipocrecía y un engaño.

DIOS NO CONDENA A NADIE

Muchas personas están llenas de culpabilidad porque aceptan como correcto lo que en realidad es incorrecto. Dios no condena a nadie; Dios ya lo perdonó a usted; perdónese a sí mismo. Cambie su forma de pensar y mantenga el cambio; piense en cosas verdaderas, justas, nobles y buenas; considere todo desde el punto de vista de la Regla de Oro y de la Ley del Amor. ¿Está dispuesto a desobedecer los principios de la química, física, matemáticas e ingeniería? ¿Construiría una rueda descentrada? ¿Cree en supersticiones y prejuicios anticuados, muertos, grotescos, e ignorantes en el nombre de creencias religiosas, o ha investigado seriamente las funciones de la mente subconsciente y consciente? El científico moderno tiene que adaptarse a la ley natural, no la puede cambiar. Su religión también debe adaptarse a la ley natural; el resultado es con-ciencia, "con conocimiento". La Ley de la Vida es la ley de la salud, felicidad, paz, orden, belleza, acción correcta y abundancia. La primera ley del Cielo es el Orden Divino.

"No os acordéis de las cosas pasadas, ni traigáis a memoria las cosas antiguas" (Isaías 43:18).

"Olvidando ciertamente lo que queda atrás, y extendiéndome a lo que está delante, prosigo a la meta, al premio" (Filipenses 3:12-14). Y entren a la libertad gloriosa de los hijos de Dios.

CONSEJOS UTILES

1. La culpabilidad es una enfermedad mental, y es anormal y artificial. Usted no nació con sentimientos de culpabilidad.
2. Un niño no tiene sentimientos de pecado. El primer sentimiento de culpabilidad llega cuando siente que su madre está enojada o disgustada con él.
3. Cuando se castiga a un niño por algo que no entiende, se confunde y llega a la conclusión que él debe ser malo.

4. El niño agarrará cualquier cosa que le gusta. Al niño se le debe educar, en forma gradual, que puede obtener lo que quiere en la vida por medio de la Ley y el Orden Divinos sin infringir los derechos de otros.

5. Este universo es mental y espiritual, y lo que usted hace debe ser mentalmente apropiado.

6. En tiempos antiguos, durante las epidemias, grandes sequías y otras plagas, la gente sacrificaba a sus bueyes, corderos, y chivos para apaciguar lo que supersticiosamente creían que eran dioses de ira.

7. Los hombres primitivos concibieron amor o aversión hacia las fuerzas de la naturaleza, y el temor y la esperanza dieron lugar a la primera idea de religión.

8. Las ideas que tenían los hombres primitivos de Dios estaban divididas de acuerdo con las sensaciones de placer y de dolor, y se derivaban únicamente de las fuerzas de la naturaleza.

9. La razón por la cual un muchacho moje la cama en forma constante puede encontrarse en el hecho de que siente tanto resentimiento hacia su madre que, psicológicamente, la desea ahogar.

10. Cuando un adolescente pelea contra los símbolos de autoridad como policías, maestros y profesores, por lo regular, se opone y se rebela a su propio padre, debido a odios y a resentimientos reprimidos.

11. Todos tenemos que someternos a la autoridad. Tenemos que vivir y ajustarnos a las leyes de la sociedad y de Dios.

12. La conciencia es su sentimiento interior y la voz de otro; a menudo, es la voz de la ignorancia, temor, superstición, y falsedades implantadas en su mente por sus padres y por sus maestros.

13. Es incorrecto asustar a un niño diciéndole que Dios lo castigará. Dios no castiga a nadie.

14. Cuando a los niños se les enseña la Regla de Oro, amor hacia otros y que la honestidad es la mejor

política se les inculca una buena conciencia.

15. El pecado original significa que el hombre ha olvidado su Origen Divino y toma los mandamientos de los hombres como verdades de Dios.

16. Perdónese a sí mismo si siente que se ha comportado mal con su madre. Alábela en su mente; sienta la Presencia de Dios ahí y comprenda Su luz, amor, verdad y belleza, los cuales fluyen en su madre. Seguirá una curación.

17. No permita que su conciencia sea su guía. Debe pedirle a la Inteligencia Infinita que lo conduzca y lo oriente. Su tendencia es siempre un salvavidas.

18. Los patrones de la conciencia varían con las diferentes religiones e influencias sociales y raciales.

19. Dios no tiene religión y no sabe nada de credos, dogmas, y opiniones del hombre. Dios es impersonal y no respeta a las personas.

20. Si un norteamericano o un inglés tuvieran muchas esposas, su conciencia podría destruirlos debido a su sentimiento de culpabilidad.

21. Debe decidir que lo controle Dios y Sus verdades espirituales.

22. Hace 2,000 años, fue la voz de la conciencia lo que hizo que la gente le dijera a Jesús que no debía curar en sábado.

23. La moral de la gente varía en todo el mundo y es de naturaleza geográfica.

24. Es mejor terminar con la mentira que vivirla en la relación matrimonial.

25. Muches personas están llenas de culpabilidad porque aceptan como correcto lo que en realidad es incorrecto.

26. La Ley de la Vida es la ley de la salud, felicidad, paz, orden, belleza, acción correcta y abundancia.

LA CUALIDAD DE LA CONFIANZA
EN SI MISMO

13

Usted es la Vida que se expresa; la Vida se convirtió en usted; y usted es un instrumento de la expresión de la Vida. Usted es muy importante para la Vida, y debe reconocer el hecho de que la Vida está intensamente interesada en su bienestar, en su desarrollo y en su desenvolvimiento. Usted tiene una labor especial que efectuar aquí; además, usted es diferente de cualquier otra persona en el mundo. Su aspecto es distinto, y sus pensamientos, sentimientos y creencias son diferentes. Cuenta con un talento natural especial, con aptitudes inimitables y con singulares dones inherentes. Está equipado para expresar la Vida de manera tal que nadie más en el mundo puede hacerlo de la misma forma.

Debe aprender a efectuar lo que puede y debe llevarlo a cabo y habrá realizado su destino, su razón de existir. Ocupe su posición en la vida, y sentirá su importancia en el esquema de las cosas. Usted está dotatdo de cualidades y facultades de imaginación, y pensamiento, de la razón y del poder de elegir y actuar. Por medio de usted, la Vida desea expresar Sus cualidades gloriosas de energía, vitalidad, paz, amor, dicha y sabiduría.

EL SIGNIFICADO DE LA CONFIANZA

Confianza significa "con fe". La fe es una conciencia de la presencia y del poder de Dios que se encuentra en su interior. A través de la humilde fe en usted mismo como hijo de Dios puede llevar una vida victoriosa y triunfante. Las dificultades pueden ser muchas, los obstáculos lo podrán desafiar, y la resistencia podrá ser formidable, sin embargo, si cuenta con confianza real en usted mismo, puede enfrentarse a todos los problemas noble y dichosamente. En unión con Dios usted puede avanzar a través de las vicisitudes de la vida con confianza profunda, firme y constante.

En la Biblia hay un texto maravilloso que es de suma importancia para todos los que desean adquirir confianza en sí mismos. Muchas personas lo consideran una de las afirmaciones más profundas y más grandiosas de la Biblia; se encuentra en la carta de San Pablo a los Romanos: *"Si Dios es por nosotros, ¿quién contra nosotros?"* (Romanos 8:31). Permita que la belleza y la sabiduría de esta verdad lo absorban mentalmente hasta que se posesionen de usted y luego podrá vivir con confianza. Acostumbro enseñarles a los hombres y a las mujeres que personalicen el versículo para que diga: "Si Dios es por *mí*, ¿quién contra *mí*?" Muchas personas repiten estas palabras durante tres o cuatro minutos ante el espejo todas las mañanas y me han informado que conforme este pensamiento penetraba en su mente, estaban conscientes de que habían superado todos los obstáculos. Ellos tuvieron una experiencia espiritual acompañada por una sensación de victoria.

DEPOSITE SU CONFIANZA EN DIOS

En la Biblia usted lee estas maravillosas palabras: *"Pero sin fe es imposible agradar a Dios; porque es necesario que el que se acerca a Dios crea que lo hay, y que es remunerador de los que le buscan".* (Hebreos 11:6). El hombre debe tener confianza en el Principio de la Vida, el cual responde a su pensamiento y nunca le falla.

Hace unos años, pasé algún tiempo en el Mar de Galilea, y allí conocí a un hombre muy interesante que procedió a relatar algunas cosas sobre sí mismo.

Contó: "Hace algunos años, me encontraba en Alemania y contaba con muchas posesiones; tenía confianza en mis acciones, títulos, y bienes raíces y en mis capacidades académicas. Al estallar la guerra perdí a toda mi familia y acabé en un campo de concentración. Cuando terminó la guerra, me liberaron y me encontré sin un solo centavo. Descubrí que todas las cosas pasan menos Dios y solo Dios es suficiente; me volví hacia El, y El respondió. En la actualidad, aquí estoy, feliz, libre, con éxito y gozo del respeto de todos".

Le pregunté: "¿Cuál fue su forma de orar?" Contestó que la substancia de su oración había sido más o menos como sigue: "Dios me muestra el camino; abre una nueva puerta ante mí; y revela una nueva senda de la vida. Dios me proporciona confianza, paz, salud y riqueza. Dios me ha protegido y me ha cuidado; estoy consciente de que continuará cuidándome ahora y siempre".

Este hombre descubrió el secreto de la confianza en sí mismo. Sus amigos le brindaron ayuda, y le prestaron dinero, y una nueva oportunidad en otro país se abrió ante él. En la actualidad, prospera más allá de sus sueños más preciados.

DEBE TENER UNA FE FACTIBLE

Muchas personas tienen fe en un sistema de teología o en ciertos dogmas eclesiásticos, sin embargo, no cuentan con una fe factible y toda su vida es bastante caótica. Otros (que pueden tener un sistema de teología o no tenerlo) poseen una fe factible, que se expresa en sus negocios, talentos, hogares y en sus relaciones con la gente. Su fe en Dios debe demostrarse en su mente, en su cuerpo y en sus asuntos; la fe en Dios y en todo lo bueno lo llenan de confianza en sí mismo. La confianza hace que sus ojos tengan luz, que su actitud sea nueva y que tenga un dominio positivo de la vida. Usted sonríe; está lleno de vitalidad y energía. Una persona refleja su confianza en sí mismo en su postura, manera, gestos y forma de hablar y en la mirada. Cada parte de ésta revela su estimación o el anteproyecto de sí misma.

JEHOVA ES SU PASTOR

En el Salmo 23, el cual contiene una de las más bellas oraciones de la Biblia, David dice que Jehová lo guió, lo cuidó, y veló por él como un pastor guía y protege a sus ovejas. David señaló que un Principio interno de orientación lo condujo hacia situaciones dichosas, felices y tranquilas. Creía en Este y Este le respondió.

¿Quién es Jehová? Jehová es la Inteligencia Infinita que se encuentra en su interior, la cual lo creó y lo sostiene en todo. Tener confianza y fe en el Principio interno de la Vida que lo orienta, es tener confianza en nosotros mismos, en nuestra sabiduría y en nuestro poder; significa tener seguridad en nosotros mismos, lo cual es lo contrario de dudas, temores, timidez e inferioridad.

AFRONTABA EL FRACASO TOTAL

Un conocido mío, que estaba al frente de un gran negocio, me comentó: "Me despierto a media noche con sensación de pánico y saludo cada día con un temor obsesionante de que algo terrible va a suceder". Se encontraba atormentado por un sentido de inseguridad y parecía estar convencido de que su negocio se iba a arruinar. Tenía muchas deudas y temía el fracaso total. Agregó que leía partes de la Biblia todas las noches, sin embargo, el temor persistía.

Le suministré a este hombre una medicina espiritual que debía tomar con regularidad. La prescripción fue la siguiente: "Estoy consciente y creo que mi negocio es el negocio de Dios; Dios es mi socio en todos mis asuntos. Todos mis problemas se solucionan cuando coloco mi confianza total en la sabiduría de mi mente más profunda. Ahora descanso en seguridad y en paz; existe una solución armoniosa para todos mis problemas. Comprendo que todas mis relaciones comerciales concuerdan con la ley de la armonía. Trabajo armoniosamente con otros con el propósito de que la felicidad, prosperidad y paz reinen supremas. La Inteligencia Infinita me revela mejores formas por medio de las cuales puedo servir a la humanidad y estoy lleno de confianza en Dios quien es mi socio principal".

El hombre leyó esta meditación en voz alta nueve o diez veces al día, sabedor de que estas vibraciones terapéuticas de curación pasarían de sus ojos a su mente, la cual estaba llena de temor. Sus oídos también escucharon el sonido de estas tranquilas vibraciones de curación y de la misma manera lo transmitieron a su cerebro. Durante diez días continuó saturando su mente con estas verdades por medio de sus ojos y de sus oídos y logró borrar todos sus pensamientos de temor. Su mente se llenó de paz y confianza.

UNA MEJOR MANERA DE PRESTAR SERVICIOS

Este hombre de negocios también empezó a comprender que su negocio era una maravillosa oportunidad para servir a otras personas. Dejó de empujarse a sí mismo y a sus empleados y ya no se enfurecía. Al terminar el mes, informó: "Ahora comprendo que mi negocio es un medio de expresión, un canal a través del cual el Principio de la Vida puede prestar servicios de manera maravillosa tanto a mis empleados como al público en general. Todas mis tensiones han desaparecido, y disfruto de paz mental. El banco me avanzó dinero y mi negocio prospera y vuelvo a tener confianza".

UNA NUEVA OPINION

Debe tener un buen concepto y una alta opinión de sí mismo porque usted es una expresión individualizada de Dios; es hijo o expresión del Dios Viviente; adopte esta actitud mental y dejará de sentirse inferior. La fe de algunos conocidos míos parece encontrarse en el dinero que pueden ganar en la bolsa de valores; sin embargo, la bolsa de valores sube y baja. Su nueva opinión es su profunda convicción y confianza en lo que nunca cambia, es decir, los valores espirituales de la vida, las leyes de su mente, y el Principio de la Vida que continúa siendo

167

el mismo ayer, hoy y siempre. Las teologías, las filosofías, el funcionamiento gubernamental, y los valores fiscales sufren altibajos, vienen y van. Los gobiernos caen, las guerras y los conflictos son la causa de que el dinero pierda su valor. En algunas ocasiones, las inundaciones, los huracanes, y otros cataclismos de la naturaleza arrasan ciudades, pueblos y hogares. Todo en este mundo llega a su fin y está sujeto a cambios.

COMO ADQUIRIR CONFIANZA EN SI MISMO

En realidad, para adquirir confianza en sí mismo, debe tener fe en el Principio Eterno de la Vida que se encuentra en su interior, el cual lo creó y también creó al mundo. Por medio de estudio y dedicación debe establecer confianza en las dos fases o funciones de su mente, es decir, el consciente y el subconsciente. La mente suconsciente responde a su forma de pensar habitual; puede elegir sus pensamientos, imaginación, reacciones y respuestas a la vida; puede encauzar sus emociones en forma constructiva; puede establecer confianza en la mente subconsciente de la misma manera como usted puede confiar en la química, la física, las matemáticas, o la electrónica para construir un aparato de radio o televisión. Un doctor tiene confianza cuando empieza a operar, porque cuenta con conocimientos sobre cirugía, anatomía, fisiología y otras ciencias básicas que estudian el cuerpo humano.

DE CONDICION HUMILDE

Muchas personas dicen: "Soy tímido, soy vergonzoso, no soy bueno; estoy desconcertado; nací de condición humilde; no tuve educación; no asistí a la universidad". Todos estos pensamientos negativos pasan por la mente de la gente; luego llega la defensa propia. Algunos se refugian en ellos mismos diciendo: "Quiero estar solo"; rehuyen a la gente y se vuelven egoístas, y sus mentalidades se descarrían. Temen lastimarse, así es que no tratan a otras personas, ni van a fiestas para no herir su rencor psíquico.

Esta actitud mental se debe a un sentimiento de rechazo, no tienen confianza en el Ser de Dios que se encuentra en su interior. Muchos de estos traumas psíquicos provienen de la niñez, cuando los padres pudieron decir: "Tú no eres bueno; nunca llegarás a ser nada. Serás un borracho como tu padre", y así sucesivamente.

La forma de superar todo sentimiento de inferioridad y rechazo es comprender que usted puede cambiar su concepto de sí mismo, y saber que las condiciones, circunstancias y hechos no son causantes, son efectos. La causa básica de todo temor es la creencia que las cosas externas son causantes. La causa de todo es su propia mente y espíritu.

COMO CONQUISTAR EL SENTIMIENTO DE INFERIORIDAD

Usted puede realizar todo por medio del Poder de Dios que lo fortalece; sienta que la Presencia de Dios fluye en usted como fuerza, belleza, amor, paz, seguridad y un lugar verdadero. Comprenda que usted es uno con Dios, y que conforme piense sobre armonía, salud, paz, dicha, poder y felicidad, la Presencia de Dios responderá y hará que todas estas cualidades sucedan en su vida. A medida de que la Presencia de Dios fluye en estos patrones de pensamiento, usted se vuelve creativo; se convierte en lo que quiere ser, sin tomar en cuenta lo que otras personas dicen, hacen o piensan.

Usted puede disipar todo sentimiento de inferioridad si afirma, siente y comprende las verdades de la siguiente oración: "Yo soy un canal de la vida, del amor, de la verdad y de la belleza de Dios. Soy una expresión de Dios; Dios es mi Padre; Dios me ama y me cuida. Soy una expresión única de Dios y no existe nadie en todo el mundo como yo. Dios busca expresarse en forma inimitable y extraordinaria en mí. Soy un conducto de Su poder y de Su fuerza y durante todos los días de mi vida expreso cada vez más mi poder oculto. Irradio amor y buena voluntad hacia todos y les deseo lo que me deseo a mí mismo.

Soy uno con mi Padre, y mi Padre es Dios".

Debe reflexionar sobre estas verdades varias veces al día y en especial por la noche, antes de dormir, y descubrirá que todo sentimiento de inferioridad y rechazo desaparece. Recuerde que cuando ofrece pensamientos divinos y nuevos patrones mentales a su mente subconsciente, ésta acepta la nueva imagen, y el pasado es borrado y también tachado de su mente subconsciente. La oración cambia la mente subconsciente por medio de la eliminación de todos los patrones subjetivos que causaban todos los problemas. La oración significa llenar su mente con las verdades de Dios, en consecuencia, erradica de la mente todo lo que no se asemeja a Dios o a la Verdad.

EL PANICO LO PARALIZABA

El finado Henry Hamblin, editor de la "Ciencia de la Reflexión del Pensamiento" relató en Londres que un domingo por la mañana recibió una llamada de un ministro de una congregación local. Esto sucedió cuando él empezaba a escribir acerca de cosas espirituales. Dicho ministro le pidió a Hamblin que lo substituyera esa mañana. El nunca había dirigido un servicio congregacional y no conocía la rutina, ni el procedimiento a seguir. Comentó que lo paralizaba el pánico y estaba lleno de consternación y presagios y tenía escalofríos. Empezó por preguntarse a sí mismo: "¿Dónde se encuentra mi confianza? ¿Dónde está mi fe en lo correcto?" No tuvo tiempo de abrir la Biblia ni de preparar un sermón. Se encaminó hacia el estrado y la gente empezó a cantar sus himnos y a rezar su oración de gracias.

Se dijo a sí mismo: "Dios me guía y me revela lo que debo pronunciar". De repente, se acordó de la cita: *"Alzaré mis ojos a los montes, de donde vendrá mi socorro"* (Salmos 121:1), y se entregó mentalmente, con la siguiente afirmación: "Me entrego; Dios se hace cargo y habla por medio de mí". Al instante, la carga de temor se disipó. Fue elevado por el Espíritu y observó intuitivamente los corazones de todos los que se encontraban ahí. Se percató de las luchas, el esfuerzo, las peleas confusas, las disputas por las futilidades de la vida; no parecían saber hacia dónde se dirigían. Comentó que aparentemente vio dentro de los corazones de toda la humanidad.

Esta fue una visión cósmica que le proporcionó el Espíritu; vio las esperanzas de la gente, sus temores, sus amores y su dicha, sus flaquezas y debilidades y sus desamparos, todo en forma simultánea. Se apoderó de él una compasión divina hacia estas personas. La visión desapareció de repente, del mismo modo como llegó, y él empezó a hablar. Toda la congregación estuvo embelesada; el Espíritu Santo se apoderó de ellos y los saturó. El reconocimiento del Espíritu que se encontraba en su interior fue lo que le dio la confianza que necesitaba. Todos los que se encontraban allí sintieron que las alusiones espirituales intangibles e invisibles los impregnaron subjetivamente. El descubrió el Poder que mueve al mundo y que responde cuando se llama. Esta es la forma de establecer confianza en sí mismo.

NO SE ATREVIA A DECLARARSE

Un joven que por las mañanas, acostumbra escuchar al autor por la radio, me escribió para informarme que era demasiado tímido y vergonzoso para proponerle matrimonio a su novia, y que cada vez que trataba de hacerlo. lo paralizaba el pánico, y enmudecía; el temor lo tenía en cautiverio.

Cuando conversé con él, sugerí que todas las noches antes de dormir se imaginara a sí mismo actuando como deseaba hacerlo cuando se encontraba en presencia de la joven. Se imaginó a sí mismo como un amante ardiente y dijo: "Así es como me declaro ahora". El dramatizaba la imagen actuando una y otra vez todas las noches. Hizo que su película mental fuera lo más vívida posible. Enfatizó que, en realidad, él se comportaría de esa manera y que estaba totalmente calmado y lleno de aplomo. En la vigésima noche fue a visitarla y con fe, fervor y confianza se declaró y ella aceptó.

USTED SE PUEDE SUPERAR

Demasiadas personas tienen una timidez burda hacia la vida. Se utiliza la armadura completa de Dios cuando sabe que Dios piensa, habla y actúa por medio de usted. Si se siente inferior ante un dilema, una situación compleja, o cierto deber, empiece a pensar en todas las razones por las que usted lo puede superar, lograr y llegar a una solución feliz. Dígase a sí mismo: "Yo conquistaré por medio del poder del Todopoderoso".

Todos sabemos que Abraham Lincoln se sentía inferior ante la tarea que se le asignó de pronunciar un discurso para conmemorar la batalla de Gettysburg. Oró para pedir orientación, estudió partes de la Biblia y le pidió a Dios que le diera consejo y fortaleza. Enfocó el tema con humildad, sencillez y una profunda reverencia hacia lo Divino. *"El que se acerca a Dios debe creer que lo hay, y que es remunerador..."*. Lincoln creía que Dios siempre responde a las oraciones. Su sencillez, devoción a la verdad y humildad ante Dios dieron lugar al mejor discurso de la historia.

SE SUPERA EN FORMA DIVINA

Cuando usted se enfrenta a un problema difícil debe estar consciente de la Divinidad que se encuentra en su interior y debe decirse a sí mismo: "Este problema se supera en forma Divina porque veo a Dios y Dios me revela cualquier cosa que debo comprender y realizar". Luego aborde la situación y haga todo lo que pueda y descubrirá que el Espíritu Infinito lo ayudará y lo auxiliará.

INVIERTA CON SENSATEZ

No desperdicie su energía; debe cuidar la forma como gasta sus pensamientos cuidando que éstos estén bien invertidos. Recuerde que la ley de la frugalidad debe predominar en su mente, y usted debe economizar en sus suposiciones mentales. Debe asumir que Dios existe y que El le responde. *"La fe es la certeza de lo que se espera..."*. La fe es percibir la realidad de la idea, pensamiento o imagen en su mente. Usted tiene fe cuando comprende que la idea de un libro, una comedia, una composición o un invento en su mente es tan real como su mano o su corazón. Esta es la substancia de las cosas esperadas; la prueba de lo que no se ve. Yo no puedo ver el nuevo invento en su mente, sin embargo, a medida que usted lo acepta y le pone atención, la ley de crecimiento tendrá lugar. Al igual que la semilla en la tierra, usted atraerá todo lo que necesita para su desenvolvimiento.

Las personas esperan tener éxito en la vida y ser felices y gozar de buena salud sin organizar sus facultades mentales o aun sin saber algo sobre éstas, lo cual es muy extraño. Usted no conduce un automóvil si no sabe manejar, tampoco dirige un laboratorio químico si no tiene experiencia. El pensamiento es un procedimiento tan real y tan definitivo como la elaboración de hidróxido de sodio o bicabornato de sosa.

Usted piensa con su propia mente y puede realizar combinaciones mentales maravillosas que transformarán su vida. Los pensamientos son cosas, y *"Según piensa el hombre en su corazón, así es él"*.

COMO DISIPAR LA PREOCUPACION

La preocupación aparta su atención, en forma deliberada, de lo bueno y enfoca mentalmente los aspectos negativos de la vida. Sus pensamientos se mueven en círculos a medida que usted busca con aturdimiento la forma de salir del dilema. Regrese al centro de la periferia, donde mora Dios y encuentre la respuesta en su interior.

Cuando tratamos de tener imágenes mentales debemos sentirlas; debe haber un matiz emocional para vitalizarlas. La escena imaginada es una dramatización, una serie de patrones mentales, que usted siente que son ciertos. La mayoría de la gente se dirige a sus trabajos y a otras actividades con la imagen mental incorrecta, lo que causa

173

toda clase de problemas en su vida. Sus mentes están desnudas; su mente debe estar invesitda con la fe en Dios y todo lo bueno; debe creer en la bondad de Dios y en la orientación de Dios y en su Presencia Omnipotente en todo momento. Cuando su mente está envuelta de esta manera, usted usa las vestiduras de Dios. Usted no asistiría a un banquete presidencial vestido de manera informal, ni usaría ropa de etiqueta en una alberca. ¿Se viste usted mentalmente para Dios, o se encuentra su mente llena de andrajos y vestiduras rotas y deshilachadas? Debe usar vestidos mentales para cada ocasión. Cuando emprende un viaje, debe saber que "el Amor Divino me antecede, y hace que mi camino sea recto".

COMO LLEVAR UNA VIDA ENCANTADA

La Biblia declara claramente que si usted usa su vestidura mental de fe, usted será: "*como los hombres que por fe conquistaron reinos, hicieron justicia, alcanzaron promesas, taparon bocas de leones, apagaron fuegos impetuosos, evitaron filo de espada, sacaron fuerzas de debilidad, se hicieron fuertes en batallas, pusieron en fuga ejércitos extranjeros*". (Hebreos 11:33,34).

Estas son las cosas maravillosas que realiza la confianza en Dios. En realidad, usted descubrirá que conforme usted desarrolla, en forma gradual, su conciencia del poder de Dios en su mente, usted vence todos los llamados obstáculos insuperables. Existen personas que han escapado de incendios, de inundaciones, de huracanes, de desastres marítimos, de leones, y de los estragos de la guerra; nada los afectó; parecían llevar vidas encantadas. El encanto de Dios estaba a su alrededor. Estaban intoxicados por Dios, pues habían reconocido y recibido el Anticuerpo Divino, la Presencia de Dios en medio de ellos, poderoso para sanar, salvar y proteger.

LA VIDA ES BUENA

William James dijo: "Crea en la buena vida, y crea que

la vida vale la pena vivirse, y su creencia hará que esto se vuelva un hecho".

Deje de identificarse con el fracaso, la carencia y la limitación; únase con sus objetivos y aspiraciones. La timidez es un estado mental; por lo regular, los tímidos son egoístas consumados que tratan de ocultar su egoísmo en refugios mentales. Los tímidos deben llevar a cabo lo que temen realizar, y con toda seguridad, el temor desaparecerá. En el juego de la vida tenemos que ganar con placer y perder con una sonrisa.

Demóstenes quien tartamudeaba mucho decidió convertirse en un gran orador, y perseveró hasta que ganó la batalla. Su confianza en el Todopoderoso le aseguró la victoria, pues todo le es posible a aquel que cree.

ERA RETRAIDO, TIMIDO Y RESERVADO

Todos recordamos los grandiosos y conmovedores sermones clásicos de Henry Ward Beecher. Usted recordará que cuando niño, él estaba lleno de temor, era retraído, tímido y reservado. Su forma de hablar era defectuosa porque tenía deforme el paladar; parloteaba, en forma constante, lo que compensaba en forma subconsciente su impedimento. Creía que se iba a convertir en un gran predicador y lo logró, el famoso predicador de la Iglesia de Plymouth. La desilusión pocas veces deprime al hombre cuyo enfoque se encuentra en el desenvolvimiento de su máximo deseo. Aquel que encuentra a Dios en su interior pierde su miseria y su sufrimiento.

LA RISA ES BUENA MEDICINA

Los griegos decían que la risa es de los dioses; la risa es buena medicina para muchos problemas. El hombre es el único ser en el mundo que puede reír; los animales no pueden. La risa restaura su perspectiva, desvía su atención de sí mismo y permite pensar claramente y con decisión. Debe reírse de sus temores; debe reír cuando las personas lo irritan, y sin duda alguna, debe reírse de los errores

175

ridículos y tontos que cometió durante el día. Debe reírse de sí mismo por ser tan malhumorado y tan serio. Conforme más grande sea el problema, más humor necesita usted. No existe ni la compasión por sí mismo ni la autocondena cuando la risa de Dios se sobrepone en el alma del hombre. El otro día, escuché a un muchacho decirle a su madre: "Me reí porque no quería llorar". Al muchacho se le cayeron en la calle unos huevos y la leche y en lugar de llorar, rió. No tiene caso llorar por un mal que no tiene remedio.

EL CENTRO SAGRADO

Regrese al centro en su interior donde mora Dios; aquí todo es paz, dicha, armonía y felicidad; aquí vive más allá del tiempo y del espacio. Está solo con Dios; está en el centro sagrado del amor eterno de Dios. En esta roca se encuentra usted; es impenetrable e invulnerable, y toda la negación del mundo no lo puede tocar. Dios, por Su propia naturaleza, es por usted, así que ¿quién contra usted? No existe poder en el mundo que le impida alcanzar el éxito, los logros y la realización del deseo de su corazón porque su sentimiento de unidad con Dios le proporciona confianza absoluta en la realización de todos sus deseos.

ARMAS PARA TRIUNFAR EN LA VIDA

1. Si Dios es por mí ¿quién contra mí? Personalice este versículo, y usted superará todo sentimiento de inferioridad.
2. Usted debe tener confianza en el Principio de la Vida, el cual responde a su pensamiento y nunca le falla.
3. Su fe en Dios debe manifestarse en sus negocios, en la expresión de sus talentos, en su hogar y en sus relaciones con la gente.
4. Existe un Principio interior que lo guiará hacia situaciones tranquilas, felices y dichosas.
5. Tener confianza y fe en el Principio interno de la

Vida que lo orienta es tener confianza en sí mismo.

6. Usted es la Vida en expresión, y la Vida está intensamente interesada en su bienestar, en su desarrollo y en su desenvolvimiento.

7. Para tener éxito en los negocios, comprenda que Dios es su socio principal y que esta Presencia de Dios que se encuentra en su interior lo guía, lo dirige y lo cuida en todos sus caminos.

8. Comprenda que su negocio es una oportunidad para servir a los demás. Afirme que la Inteligencia Infinita le revela mejores formas de prestar servicios.

9. Debe tener un buen concepto y una alta opinión de sí mismo, porque usted es una expresión individualizada de Dios.

10. Para adquirir, en realidad, confianza en sí mismo, debe tener fe en el Principio Eterno de la Vida que lo creó y el cual también creó al mundo.

11. La causa básica de todo temor es creer que lo externo es causante. La Causa de todo es el Poder Creativo en su propia mente. Cambie su forma de pensar, y cambiará su destino.

12. Usted puede realizar todo por medio del Poder de Dios que lo fortalece.

13. Para superar el miedo al público debe dramatizar el acto imaginario una y otra vez, haciendo que la película mental sea tan vívida como sea posible.

14. Si se siente inferior ante un dilema, dígase a sí mismo: "Lo conquistaré por medio del poder del Todopoderoso".

15. Todo problema es superado en forma divina porque Dios mora en usted.

16. Usted tiene fe y confianza en el futuro cuando comprende que la idea de un libro, una comedia, una composición, un invento, o un viaje en su mente es tan real como su mano o su corazón.

17. Cuando tenemos imágenes mentales debemos sentirlas; debe haber un matiz emocional para vitalizarlas.

18. Conforme usted desarrolla, en forma gradual, su

conciencia del poder de Dios en su mente, usted vence todos los llamados obstáculos insuperables.

19. Crea en la buena vida, crea que la vida vale la pena vivirse, y su creencia hará que esto se vuelva un hecho.

20. La desilusión pocas veces deprime al hombre cuyo enfoque se encuentra en el desenvolvimiento de su máximo deseo.

12. La risa restaura su perspectiva, desvía su atención de sí mismo, y permite pensar claramente y con decisión.

22. Dios, por su propia naturaleza es por usted, así que ¿quién contra usted?

LA VOLUNTAD DE DIOS Y LA VOLUNTAD DE USTED

14

En una ocasión, un hombre comentó que sería feliz, dichoso y tendría éxito si Dios lo dejara en paz. En realidad, esta persona creía que Dios lo hacía sufrir. Por alguna razón, pensaba que él podría hacer que el universo funcionara mejor que Dios. Manifestó: "Odio a Dios por todos los fracasos, problemas y tragedias que me ha ocasionado".

Le expliqué a este hombre que Dios no tenía nada que ver con la miseria, sufrimientos y tragedias de la vida. La gente experimenta enfermedad, dolor, sufrimiento y fracaso debido a su propia forma de pensar, la cual es negativa y destructiva. El hombre se castiga a sí mismo por medio de las leyes naturales de causa y efecto. El castigo cesa cuando el hombre deja de obrar en forma incorrecta. También le señalé que era blasfemia decir que Dios le envía al hombre enfermedad, dolor y sufrimiento. Al contrario, el hombre se ocasiona estas cosas a sí mismo por su forma de pensar incorrecta y por su ignorancia en lo referente a las leyes de su mente.

El hombre, quien debido a su ignorancia e inexperiencia comete errores, no debe culpar a Dios. Los poderes y las fuerzas de la naturaleza no son malignos; son neutrales. El bien y el mal se encuentran en el funcionamiento de nuestra propia mente, en la forma en que pensamos y actuamos, y en la actitud que tenemos hacia las cosas, no en las cosas en sí. El viento que arrastra a un barco hacia las rocas, también lo llevará a un puerto seguro. La electricidad no es mala, sin embargo, el hombre debe usarla en forma correcta; de otra manera, podrá electrocutarse a sí mismo y a otros.

La mente subconsciente del hombre no es mala, pero si éste piensa en el mal, seguirá el mal; si piensa en el bien, seguirá el bien. El hombre debe decidir qué clase de semillas (pensamientos) sembrará en el jardín de su mente, porque las semillas (pensamientos) crecen a su semejanza. Las ideas que contiene este capítulo serán de valor inapreciable para el lector, conforme lo lea y las aplique.

NI BUENO NI MALO

Shakespeare manifestó: "No existe ni bueno ni malo, sin embargo, la forma de pensar lo hace bueno o malo". El problema que usted tiene en este momento es una maravillosa oportunidad para superarlo; usted se puede enfrentar al reto. Existe una sabiduría y un poder en su interior que le permitirán superar el problema. Si no tuviera usted problemas, dificultades y retos en la vida, nunca crecería. El problema no es malo; depende de su forma de pensar acerca de éste. Comprenda que su dificultad o su problema es una magnífica oportunidad para trascenderlo y comprobar su capacidad para superarlo.

ESTABA AMARGADO Y RESENTIDO

El Sr. Jones, quien estaba sordo y a punto de quedarse ciego, durante años sintió amargura y resentimiento y decía: "¿Por qué me hizo esto Dios?" Tenía un sentimiento de inseguridad y de inferioridad; veía muy poco y su prótesis auditiva no era satisfactoria y le causaba muchas molestias. No quería que sus amigos se enteraran que gradualmente se estaba quedando ciego y estaba perdiendo el oído y se sentía mal cuando le comentaban: "Te ví ayer en el club, sin embargo, no me hablaste". Inventaba pretextos, y su resentimiento y su enojo por sus padecimientos se intensificaban.

El Sr. Jones elaboró una lista de todas sus bendiciones.

Dio gracias por su hermosa y fiel esposa, por sus tres hijas brillantes, por su linda casa, por sus amistades maravillosas y por todos los vecinos amables. Dejó de culpar a Dios y se admitió a sí mismo que había ciertas personas a las que no deseaba ver y que la voz de ciertos parientes le molestaba. Los bendijo y los liberó mentalmente y de esta manera superó esto; y su oración constante fue la siguiente:

"Mi visión es espiritual, eterna y una cualidad de mi mente. Mios ojos son ideas divinas y siempre funcionan a la perfección. Mi percepción de la verdad espiritual es clara y poderosa. La luz de la comprensión me ilumina; cada día, veo en mayor grado la verdad de Dios. Veo espiritual, mental y físicamente. Ahora, en este momento, veo imágenes de verdad y de belleza en todos lados y la Presencia Infinita de Curación reconstruye mis ojos; son perfectos instrumentos divinos que me permiten recibir mensajes del mundo que se encuentra en mi interior y del mundo exterior. La luz de Dios se revela en mis ojos y en mis oídos.

Escucho la Verdad; amo a la Verdad; conozco la Verdad. Mis oídos son ideas perfectas de Dios, los cuales, en todo momento, funcionan a la perfección. Mis oídos son instrumentos excelentes que revelan la armonía de Dios. El amor, belleza, y armonía de Dios fluyen en mis ojos y en mis oídos; estoy en armonía con el Infinito. Escucho la Suave Voz Tranquila de Dios en mi interior. La Presencia de Curación estimula mi sentido del oído y mis oídos se abren y son libres".

Al término de un mes, experimentó un gran cambio en su personalidad, su visión y su sentido del oído mejoraron en forma notable. En realidad, llegó a ver y a escuchar en forma casi normal; trascendió su problema; trasmutó lo que hasta el momento había llamado maligno en un gran bien, y en la actualidad, es feliz, dichoso y libre.

LA VOLUNTAD DE DIOS Y LA VOLUNTAD DE USTED

Longfellow dijo: "Desear lo que Dios desea es la única ciencia que nos proporciona tranquilidad". La voluntad de Dios para nosotros es que gocemos de buena salud, seamos felices y dichosos y llevemos vidas llenas de experiencias maravillosas; que cada día de cada semana, expresemos cada vez más, la sabiduría, verdad y belleza hasta convertirnos en la persona que Dios intentó que fuéramos, el hombre feliz y dichoso, el hombre libre que está iluminado e inspirado y camina sobre la tierra elogiando a Dios eternamente.

Un error trágico que muchas personas cometen a menudo es asumir que la voluntad de Dios para ellos está atada a algo maligno y repugnante, más bien desagradable. La razón de este concepto extraño y raro es que estas personas consideran a Dios como a un capataz, como una especie de tirano caprichoso que vive arriba en el cielo y reparte castigos a hijos desobedientes.

La maravillosa e inapreciable verdad es que la voluntad de Dios para nosotros significa mayor paz, mejor expresión, más sabiduría, mejores y más brillantes experiencias, salud radiante, prosperidad en todo lo que emprende, y la capacidad de proporcionar a los demás mejor y mayor servicio. En resumen, ¡la voluntad de Dios para usted es la vida más abundante! Si Su voluntad para usted fuera enfermedad, entonces, todos los doctores, psicólogos, enfermeras, ministros y rabinos estarían trabajando en contra de la voluntad de Dios, desde luego, esto es la quintaesencia de lo absurdo.

Si un hombre está enfermo, frustrado, solo, aburrido, empobrecido o es una persona que no se adapta en ningún sitio, puede estar seguro que no expresa la voluntad de Dios. En tanto que este hombre no expresa Su voluntad, experimentará discordia y confusión en su vida. Sin embargo, cuando el hombre se une con Dios y expresa Su voluntad, la armonía, la paz, la vitalidad y la prosperidad llegarán a su experiencia.

LA VOLUNTAD O TENDENCIA DE DIOS

El Juez Thomas Troward, autor de los Discursos de Edinburgh y de otras obras sobre la Ciencia de la Mente, dijo en forma muy elocuente que la voluntad de Dios es la tendencia de Dios y siendo Dios la Vida, no puede deseear nada nocivo para Sí Mismo. La Vida siente que es Amor, Dicha, Paz, Belleza, y Su tendencia es expresar Su propia naturaleza, la cual es la misma ayer, hoy y siempre.

La voluntad de Dios es la naturaleza de Dios, y Dios es Amor; por lo tanto, Dios no puede desearle a usted nada que no sea Amor. Dios es la Paz Absoluta, y Dios no le puede desear discordia, caos, y confusión. Dios es la Vida y la Vida no puede desear la muerte; eso refutaría su propia naturaleza. Dios es Dicha Absoluta, Sin Impurezas y no puede desear enfermedad ni dolencias. Dios es Riqueza Infinita de todo tipo y no puede desear pobreza; pensar así sería negar Su abundancia. La voluntad de Dios para usted es algo que trasciende sus sueños más preciados. Por lo tanto, es incorrecto decir: "Soy pobre; soy débil; estoy enfermo; estoy cansado; no tengo dinero", porque por medio de las declaraciones negativas y destructivas que se encuentran alojadas en su mente subconsciente y que surgen como experiencias y hechos en su vida, usted atrae esas condiciones a sí mismo.

SU PODER PARA ELEGIR

Usted está aquí para crecer, extenderse y desenvolverse, y si sus facultades hubieran estado totalmente desarrolladas cuando usted nació, nunca se hubiera descubierto a sí mismo. Por ejemplo, si usted estuviera obligado a amar a su esposo o a su esposa, no tendría voluntad libre. Esta es la razón por la que dice: "Tomo a .... sobre todas las mujeres del mundo para que sea mi esposa ante la ley y ante la sociedad". Usted no es autómata; tiene libertad de elegir, seleccionar y tomar una decisión gracias a su habilidad para razonar.

Al principio, el hombre contempla un mundo tridimensional y está gobernado por apariencias y condiciones hasta que despierta al hecho de que por medio de su propio pensamiento y sentimiento puede controlar su vida. En forma gradual, el hombre empieza a comprender que las circunstancias y las condiciones son efectos, no causas. Todas las condiciones externas están sujetas a cambios. Conforme cambia el hombre su forma de pensar, cambia su cuerpo, medio ambiente y condiciones.

EL SIGNIFICADO DE VOLUNTAD

El diccionario define voluntad como elección, intención, inclinación, determinación y tendencia; y con el propósito de hacer que sea la voluntad del Todopoderoso debe animarla, activarla en su interior con entusiasmo, sentimiento y energía hasta que se incorpore a la mente subconsciente. Cuando el hombre aprende a escoger con sensatez, elige fe, paz, seguridad, dicha, salud, abundancia y todas las bendiciones de la vida. Entronará en su mente los valores espirituales y las verdades de Dios y la ocupará con estas verdades eternas hasta convertirlas en parte de su conciencia, de la misma forma como una manzana se convierte en parte de su corriente sanguínea. Elija orientación Divina, acción correcta, Orden Divino y Exito Divino en su vida. Lo que es verdad de Dios es verdad de usted, pues Dios mora en su interior. Dios siempre tiene éxito, ya sea al formar una estrella, un planeta, un árbol o el cosmos. Por lo tanto, usted nació para tener éxito, porque el Infinito no puede fracasar.

El hombre mundano, quien es víctima de la mente de la raza, escoge, inconscientemente, la enfermedad, desgracia carencia y limitaciones de todo tipo. No comprende que los pensamientos son cosas, y que se convierte en lo que se imagina y que atrae lo que siente. Si el hombre no piensa por sí mismo, los periódicos, los vecinos y la mente de la raza pensarán por él y su vida será un caos. *"Escoged hoy a quien servir"*. (Josué 24:15).

HAGASE LA VOLUNTAD DE DIOS

En todo momento, comprenda que la voluntad de Dios se expresa por medio de usted. Debe convertir en hábito afirmar que la voluntad de Dios se expresa en todos los ámbitos de su vida y desde luego, debe estar seguro de que sabe lo que dice cuando afirma: "Hágase la voluntad de Dios".

Dios es Amor Ilimitado, Dicha Absoluta, Belleza Indescriptible, Inteligencia Infinita, Armonía Absoluta, Todopoderoso, Supremo y Paz Absoluta. No existen divisiones ni discusiones en lo Absoluto. Dios es Infinitamente Bueno, Perfecto y Autor sólo del Bien Perfecto. Debe orar en forma correcta de la siguiente manera: "La voluntad de Dios se manifiesta en mi vida como armonía, salud perfecta, felicidad, paz, dicha, abundancia, amor y perfecta expresión Divina. ¡Es maravilloso!"

Si medita sobre esta oración, con regularidad, su medio ambiente actual y sus circunstancias cambiarán en forma mágica, y serán transformados a la semejanza de lo que contempla. Ahora, decir: "La voluntad de Dios actúa en mi vida", tiene un significado magnífico y bello lleno de piedras preciosas espirituales. Cuando dice: "El plan de Dios se manifiesta en mi vida", también tiene un significado nuevo y maravilloso.

El plan de Dios es la voluntad de Dios y su plan únicamente puede ser belleza, orden, simetría, amor, salud y todo lo bueno de la vida. El plan de Dios para usted sólo puede expresar más de Sí Mismo en usted, para hacerlo avanzar hacia adelante, hacia arriba y hacia Dios.

"HAGASE EN TI SEGUN HAS CREIDO"

Es una oración magnífica y una estrategia espiritual espléndida decir: "Hágase la voluntad de Dios", en especial, cuando usted comprende el significado espiritual de estas palabras.

Si usted entrona en su mente la idea definida de que, la voluntad de Dios actúa en todos sus asuntos, esta creencia constructiva en su mente gobernará su vida y lo hará actuar y expresarse como cree. Su convicción dominante dicta, gobierna y controla toda su vida. Es maravilloso saber, como lo expresó el Dr. Phineas Parkhurst Quimby de Maine, que "el hombre es la creencia en expresión".

185

Cuando usted comprende que la luz y el amor de Dios lo guían y lo gobiernan en todos sus caminos, usted está automáticamente protegido y no comete errores de juicio, ni toma decisiones insensatas, ni desperdicia su tiempo y su esfuerzo en empresas inútiles.

SI DIOS QUIERE QUE LO TENGA

He escuchado esta expresión con frecuencia: "Lo quiero si Dios quiere que lo tenga". Si usted cree, en realidad, que Dios es la Presencia Divina o la Vida que se encuentra en su interior y que es la Inteligencia Infinita y Todopoderoso y Amor Ilimitado ¿por qué creer que Dios no quiere que lo tenga, ya sea salud, paz, dicha, lugar verdadero, abundancia, una casa nueva, matrimonio o cualquier cosa?

Mucha gente pronuncia otra frase supersticiosa: "Quizás no es bueno para mí". Cuando las personas usan esta expresión, viven en un mundo de dualidad, de dos poderes; Dios y el demonio; están indecisos. ¿No es la felicidad buena para usted? Sin duda alguna, debe estar Je acuerdo que Dios quiere que sea feliz. Si ora para pedir acción correcta ¿por qué pensar sobre acción incorrecta? Existe únicamente un Principio de Acción Correcta en el mundo, no existe principio de acción incorrecta; hay un Principio de Dicha, ninguno de tristeza; se cuenta con un Principio de Amor, pero no hay principio de odio; persiste un Principio de Verdad, ninguno de error; subsiste un Principio de Armonía ninguno de discordia.

¿Con qué clase de Dios contaría usted si no quisiera que usted fuera dichoso, libre, radiante e iluminado? Usted está aquí para reproducir todas las cualidades, atributos, potenciales y aspectos de Dios y para avanzar de gloria a gloria.

LA RIQUEZA INIFINITA DE DIOS ES SUYA

Si usted desea curarse, tener expresión verdadera, contar con más sabiduría y comprensión espiritual, más riqueza y expresión para realizar lo que quiere, no debe haber duda alguna en su mente de que Dios quiere que tenga todo esto. No vale la pena que usted considere y le preste atención a un Dios que desea que usted esté enfermo o que lo está probando de alguna manera extraña o quien, según usted, puede crear enfermedades pues tal creencia es únicamente un concepto falso y supersticioso en su mente.

Dios desea que usted prospere, además quiere que usted goce de buena salud. Muchas personas, debido a creencias teológicas falsas implantadas en su mente subconsciente cuando eran jóvenes e impresionables, creen que existe algo de virtud en las carencias y las limitatciones. Debe erradicar esa creencia falsa de su mente subconsciente y comprender que la riqueza infinita de Dios se encuentra a su alrededor. Usted no puede contar la arena en la playa, ni las estrellas del cielo. ¿Ha tratado alguna vez de contar las flores que hay en el camino cuando maneja por una carretera? Hacia cualquier lugar que usted dirija la mirada, observará una profusión de la riqueza de Dios.

Las ideas de Dios son infinitas, y usted puede tener una idea ahora que podría proporcionar trabajo a un millón de personas. Las ideas son riquezas. Un invento es una idea en la mente, al igual que un libro, una empresa comercial, un nuevo proyecto de bienes raíces. En la actualidad, los hombres comprueban que pueden contemplar un vasto desierto y lo pueden convertir en un lugar alegre y lo pueden hacer florecer como rosas. La naturaleza es espléndida, extravagante y abundante. El hombre, por su avaricia y por su codicia, crea una escasez artificial, sin embargo, no existe escasez en la sabiduría de Dios, ni en las ideas creativas de la mente humana, si se abre y es receptivo al Influjo Divino, el cual siempre está listo y dispuesto.

SU FUENTE DE ABASTECIMIENTO

Debe creer que su abastecimiento proviene de Dios y que El abastece todas sus necesidades en todo momento del tiempo y del espacio. El mundo externo, las condiciones económicas, la fluctuación en la bolsa de valores, la inflación o la deflación, o las opiniones de los hombres no lo pueden perjudicar cuando usted se eleva en conciencia, aquella dimensión de conciencia espiritual donde usted cree en su corazón que su abastecimiento es verdadero y literalmente de Dios y de nadie más. Los canales por medio de los cuales usted recibe su riqueza no son la fuente y usted no debe confundir abastecimiento con fuente. Debe ser completamente libre en lo referente a su economía y prosperar en todos sus caminos.

SU DESEO ES EL DESEO DE DIOS

Usted no glorifica a Dios cuando está enfermo, se siente frustrado, es neurótico, infeliz y pobre. Se encuentra aquí para dramatizar, representar y expresar en su vida lo que es verdad de Dios. Creer en un Dios de Amor es expresar amor y creer en un Dios de Abundancia es expresar la vida abundante. Si usted deesa escribir una comedia, o una novela, o construir una casa nueva, sería sumamente ridículo que usted creyera que Dios no le desea estas cosas. Dios se encuentra en su interior y su deseo de expresarse a sí mismo proviene de Dios. Dios le dio su cerebro y su mente, y sus manos para escribir y construir y el impulso para lograrlo y expresarlo, además, de la inteligencia y la capacidad para realizar todo esto.

SU VOLUNTAD SE CONVIERTE EN LA VOLUNTAD DE DIOS

Imagine decir: "Si Dios quiere que escriba una comedia me lo manifestará". En realidad, esto es absurdo. Su idea o deseo debe ser apropiado en conciencia y debe sentirlo como verdad y cuando el subconsciente lo acepta, lo hará suceder. Su deseo o anhelo consciente ha pasado ahora de ser únicamente un anhelo o un deseo a ser una convicción subconsciente. La ley del subconsciente es de compulsión, y la voluntad de éste acontece. No se haga mi voluntad (idea, deseo, plan), sino Tu voluntad (mi convicción o mi conciencia), lo que sucederá en forma automática. Nuestras convicciones y creencias subconscientes dictan y controlan nuestras acciones conscientes. El subconsciente es el poder que mueve al mundo.

SU VOLUNTAD CONSCIENTE Y SUBCONSCIENTE

Hace algún tiempo, un hombre vino a visitarme; era alcohólico y manifestó que si tomaba un trago estaba obligado a seguir tomando hasta quedar inconsciente. En otras palabras, perdía todo control y la ley de su mente subconsciente lo impulsaba a tomar. Su historia era común. Su esposa se divorció de él debido a su infidelidad; él resentía esta acción y la odiaba porque ella se negaba a regresar con él. Empezó a beber para aliviar el dolor psíquico de la misma forma como usted toma una aspirina para el dolor de cabeza. Repitió este acto una y otra vez, y en cada ocasión tomaba una copa para reforzar su espíritu, rechazaba al poder de Dios que se encuentra en su interior y a su mente subconsciente le sugería debilidad e inferioridad.

Los hábitos se forman por medio de la repetición de ciertos patrones de pensamientos o acciones hasta que establezcan patrones en la mente subconsciente, donde crecen hasta llegar al punto de saturación. Ahora, un cantinero mental se había establecido en su mente subconsciente, el cual le recordaba constantemente: "Necesitas un trago". Cuando tomaba uno, perdía el control. Su deseo o voluntad consciente era no tomar, pero la voluntad de su subconsciente tomaba el mando y ordenaba: "Debes tomar". Su elección de tomar, que había repetido una y otra vez hasta que se convirtió en un patrón establecido, estaba ahora en el control.

INVIRTIO EL PATRON

Este hombre invirtió el patrón y se liberó a sí mismo, pues empleó la misma ley que lo había convertido en bebedor compulsivo. Regular y sistemáticamente, contemplaba la libertad y la paz mental y afirmaba que su alimento y su bebida eran ideas de Dios, las cuales se desenvolvían, en forma constante, en su interior y le proporcionaban armonía, salud, y paz. Pasaba una película en su mente, durante varias veces al día, en la cual se imaginaba a sí mismo libre, feliz, y dichoso. Se veía a sí mismo realizando lo que deseaba llevar a cabo y escuchaba a un amigo que lo felicitaba por su libertad y por su sobriedad. Cada vez que estaba tentado a tomar, pasaba la película en su mente, sabedor que el poder del Todopoderoso fluía en ésta y que por medio de un procedimiento de ósmosis mental y espiritual esta imagen se hundía en su subconsciente, donde el cuarto obscuro de su mente la revelaba.

Por medio de la repetición, de la fe y la esperanza se hacen impresiones en el subconsciente y conforme continuó con fe, con sus imágenes, de libertad y de paz mental, apareció la luz y todas las sombras se desvanecieron. Su voluntad consciente (deseo de liberarse por completo del hábito destructivo) se convirtió en una voluntad subconsciente (su constante convicción profunda se alojó en mente subconsciente), y estuvo obligada a expresar libertad, pues la ley del subconsciente es de compulsión. La ley que lo mantenía en cautiverio es la misma ley que lo liberó. y le permitió entrar en la libertad gloriosa de los hijos de Dios.

LA DICHA DE LA ORACION CONTESTADA

"Hágase Tu voluntad en la tierra como en el cielo", es una oración maravillosa, como comprende. "Cielo" significa su propia mente o su conciencia mental y espiritual. Lo que sienta que es cierto en el cielo de su propia mente, lo experimentará en la tierra o en el plano objetivo (su cuerpo, mundo, medio ambiente y circustancias). Su "voluntad" es su capacidad de definir sus objetivos, elegir su meta, su ideal o su plan. Debe vivir con esto en su mente, debe amarlo, cuidarlo y prestarle atención y proporcionarle toda su devoción. Finalmente, se solidifica

en su interior, y su desierto se convierte en un paraíso, y *"su voluntad se ha convertido en la voluntad de Dios"* o la dicha de la oración contestada. ¡Es maravîlloso!

PASOS PARA LLEVAR
UNA VIDA TRIUNFANTE

1. Dios no manda enfermedad, dolencia o sufrimientos; nosotros nos ocasionamos esto por nuestra incorrecta forma de pensar.
2. Las fuerzas y los poderes de la naturaleza no son malos; depende como usa el hombre estos poderes o fuerzas.
3. "No existe ni bueno ni malo, sin embargo, la forma de pensar lo hace bueno o malo". Su problema no es malo, es su oportunidad para superarlo.
4. Haga una lista de sus muchas bendiciones, bendiga al órgano enfermo, y usted se maravillará de los milagros que aparecerán en su vida.
5. Desear lo que Dios desea es la única ciencia que nos proporciona tranquilidad.
6. La voluntad de Dios es que usted lleve una vida llena, feliz y dichosa y que usted experimente la vida abundante de la que habló Jesús.
7. Es un trágico error suponer que la voluntad de Dios para usted es algo desagradable o repugnante.
8. Estar enfermo o deprimido, es contrario a la voluntad de Dios.
9. La voluntad de Dios es la tendencia de Dios. Al ser Dios la Vida no le puede desear nada en detrimento de Sí mismo.
10. La voluntad de Dios es la naturaleza de Dios, y Dios es Amor. El Amor no le puede desear nada que no sea amor.
11. Usted se encuentra aquí para reproducir las cualidades, potenciales y aspectos de Dios.
12. Sus pensamientos, su imaginación y sus patrones mentales forman, labran y diseñan su vida.
13. Usted tiene el poder de elegir. Escoja salud, feli-

cidad, paz, orientación y acción correcta.

14. Es una estrategia espiritual espléndida decir: "Hágase la voluntad de Dios", especialmente, cuando usted comprende el significado espiritual de estas palabras.

15. Decir: "Si Dios quiere que lo tenga" es pura superstición. Dios quiere que usted sea feliz. Le dio el mundo a usted y se entregó a Sí Mismo.

16 Dios desea que usted prospere y que tenga éxito. La naturaleza es espléndida, extravagante y abundante. En todos lados usted observa una profusión de la riqueza de Dios.

17. Los canales por medio de los cuales usted recibe su riqueza no son la fuente y usted no debe confundir el canal con la Fuente Eterna.

18. Su deseo de crecer, expanderse y desenvolverse es Dios. Acepte ese deseo ahora, y la Inteligencia Infinita lo hará suceder.

19. Su voluntad (deseo, elección, plan propósito) se convierte en la voluntad de Dios (convicción en su mente subconsciente) cuando usted siente la realidad de su deseo realizado. Su deseo o anhelo consciente ha pasado ahora de ser un deseo a ser una convicción subconsciente.

20. La ley que lo mantiene en cautiverio o limitado es la misma ley que lo liberará conforme usted piense en los conceptos de libertad, paz, dicha y felicidad. Lo que usted sienta en su mente que es verdadero (cielo), lo experimentará en la tierra (el mundo objetivo).

21. Permita que su voluntad (Su elección o decisión consciente) se convierta en la voluntad de Dios (una convicción subconsciente) viviéndola en forma mental, cuidándola y poniéndole su atención, y usted experimentará la dicha de la oración contestada.

NO DEBE RESIGNARSE SINO RECONCILIARSE

15

A prinicpios de 1963, durante una serie de conferencias
en Tokio, Japón, una joven me visitó en el Hotel Imperial
y manifestó: "Pienso que usted me puede ayudar; mi
padre, quien es alcohólico, me violó cuando tenía diez
años de edad, y desde entonces, he padecido de ataques
dos o tres veces por semana. El doctor de la universidad
diagnosticó ataques epilépticos; los medicamentos me proporcionan únicamente alivio parcial". Afirmó que había
perdonado a su padre y que sus relaciones con él eran
cordiales. Además, comentó que sus hermanas y ella acos-
tumbraban visitarlo y comer con él una vez a la semana.

Por su forma de hablar, sentí que aún albergaba raíces
profundas de resentimiento en su mente subconsciente y
que, en realidad, ella no había perdonado a su padre. Le
expliqué que si no lo perdonaba, la que continuaría su-
friendo era ella. El único paso sensible a seguir era com-
prenderlo, perdonarlo, y luego liberarlo en su mente.

Mientras continuara condenándolo silenciosamente, en
tanto que no lo perdonara y no lo liberara por haberla
lastimado, nunca tendría paz. Le expliqué que una recon-
ciliación o la restauración total de armonía y amistad
real entre ellos sería el resultado, si seguía esta indicación
y oraba todas las mañanas y todas las noches antes de
dormir, en voz alta, por su padre de la siguiente manera:

"De todo corazón, con sinceridad y cariño afirmo que
la paz de Dios llena el alma de mi padre; asevero que goza
de inspiración y de bendiciones de todo tipo. Me regocijo

con el hecho de que el amor de Dios fluye en sus pensamientos, palabras y actos. Le deseo, sinceramente, salud, felicidad y todas las bendiciones de la vida. Lo perdono completa y libremente; lo hago de manera consciente y subconsciente; él es libre y yo soy libre. Cada vez que pienso en mi padre afirmo en forma silenciosa: 'Dios sea contigo'. Lo digo en serio; soy sincera y mi mente subconsciente, la cual es una grabadora, en este momento graba la verdad que afirmo. Me he perdonado a mí misma por albergar pensamientos odiosos durante todos estos años y resuelvo que esto ya no sucederá. Doy gracias, soy libre. El ha sido perdonado y yo he sido perdonada, porque me he perdonado a mí misma. ¡Es maravilloso!"

Algunos meses después, esta maravillosa maestra japonesa me escribió una bella carta para informarme que ya no volvió a tener ataques.

LOS CONTRARIOS EN LA VIDA

El Juez Thomas Troward manifestó: "Existen dos extremos en todo palo". Emerson indicó: "Encontramos la polaridad o acción y reacción en toda la naturaleza". Todos sabemos que nuestros pensamientos llegan en pares. Cuando piensa en riqueza, también tiene pensamiento de pobreza; cuando piensa en salud, el pensamiento contrario se asoma. Vamos a numerar algunos de estos contrarios, como materia y espíritu; negativo y positivo; obscuridad y luz; malo y bueno; enfermedad y salud; dentro y fuera; subjetivo y objetivo; temor y amor; dolor y placer; miseria y felicidad; flujo y reflujo; masculino y femenino; calor y frío; reposo y movimiento; sí y no.

Los contrarios son la expresión del cosmos; son expresiones duales del mismo principio. Nos encontramos aquí para conciliar los contrarios y atraer a nuestro propio mundo armonía, salud y paz. Cuando hace frío usted enciende una fogata; cuando tiene hambre busca alimento; y si está enfermo se alínea con la Presencia de Curación y establece integridad y salud perfecta nuevamente.

Se debe unir mentalmente con la Fuente, Dios que

194

es Amor, cuando sienta temor. Debe leer el Salmo 27 con lentitud, tranquilidad y amor, y conforme lo haga se trasladará de manera mental, hacia lo contrario, lo cual es fe en Dios. El temor es la negación del poder de Dios y la bondad de Dios. El temor es la fe boca abajo; es una sombra en la mente, y no existe poder en una sombra. "El amor perfecto elimina el temor". Enamórese de lo bueno, únase de manera emocional con las grandes verdades de Dios y todo el temor desaparecerá.

COMO CONCILIAR LOS CONTRARIOS

Si usted siente temor puede estar seguro de que existe en su interior un deseo que se opone a lo que usted teme. Coloque su antención en lo que desea y empezará a conciliar los contrarios. El deseo es el ángel de Dios, el mensajero de lo Dívino, el cual nos indica a todos nosotros: "Sube más". El deseo se encuentra detrás de todo progreso. Permita que su deseo lo cautive y retenga su atención. Usted se dirige hacia donde se encuentra la idea que domina su mente. Conforme más grande sea el beneficio esperado de su deseo, más fuerte será su deseo.

SU VOZ SE QUEBRO

Me gustaría contarles algo acerca de un cantante que no obtuvo un contrato porque su voz se quebró en tres ocasiones durante una prueba. El temor era su enemigo, sin embargo, descubrió que podía encaminarse hacia el lado contrario que era la fe y la confianza, por medio de la oración. Tranquilizó las ruedas de su mente, dos o tres veces al día; se imaginó a sí mismo cantando ante un micrófono. Vio al público imaginario: "Debo actuar como pienso que soy, y así ocurrirá". Empezó a sentir la dicha de todo esto y la emoción de la realización. Continuó con estas imágenes en intervalos regulares hasta que obtuvo una reacción satisfactoria. Logró plantar, con éxito, su deseo en su mente subconsciente y sintió una gran sensación de paz y satisfacción. Amaba a su deseo hasta el punto de aceptarlo y se comprobó a sí mismo que: "El amor perfecto eliminó el temor".

El amor es un vínculo emocional, el cual es mentalmente leal y dedicado a su ideal. Conforme realiza esto, el temor o el pensamiento negativo desaparece y su ideal se convierte en realidad. En la actualidad, este hombre tiene éxito porque aprendió a conciliar los contrarios de su vida y a atraer paz donde había discordia. Entréguese de todo corazón a su ideal, sea leal y únase en forma mental y emocional con éste y usted estará encantado.

UNA LLUVIA DE BALAS

Un soldado relató que en la última guerra, quedó aislado de su batallón y se encontró en medio de una lluvia de balas. Le temblaban las rodillas de miedo, sin embargo, repitió el Salmo 23, y sintió cómo lo invadía una ola de paz y logró ponerse a salvo. Este soldado comprendió que si permanecía en el extremo del temor, se quedaría inmóvil y el resultado hubiera sido la muerte y la destrucción. Permitió que el péndulo de su mente llegara al polo opuesto, el cual era la fe en Dios como su pastor y su protector de todo mal.

PEDIR Y RECIBIR

"Pedid y se os dará. . ." (San Mateo 7:7).

En idioma Bíblico, "pedir" significa afirmar su bien y luego su mente subconsciente honrará y ratificará su afirmación. Debe considerar a Dios como a un padre amante, un padre bueno que lo cuida, lo vigila, lo orienta y lo dirige y le proporciona bienestar. Conforme usted haga un hábito de esto, descubrirá que siempre tendrá orientación y prosperidad, y se encontrará en su lugar verdadero, además llevará a cabo lo que usted desea realizar, feliz en forma divina y con incontables bendiciones divinas. Dios es para usted lo que usted concibe que El es.

LAS CREENCIAS SON NUESTROS AMOS

En tanto que el hombre piense que Dios lo castiga, lo pone a prueba o lo gobierna con mano de hierro o que El es una especie de tirano celoso, cruel o caprichoso, estará confundido, aturdido, perplejo y tendrá conflictos mentales. Esta forma de pensar es caótica, lo que provoca caos y miseria en su vida. El hombre es lo que piensa durante todo el día.

Jesús declara categórica, definitiva y claramente que Dios es nuestro Padre y que somos Sus hijos. Por lo tanto, su relación con Dios debe ser cordial y cariñosa como la de un padre y un hijo. Durante todo el curso de su vida no debe volver a considerar a Dios como un dios de ira y sin criterio en su venganza. El individuo que tiene y retiene tal concepto en la mente atraerá mucha miseria y sufrimiento. Nuestras creencias son nuestros amos y todas éstas tienden a manifestarse en nuestra vida. *"Al que cree todo le es posible"* (San Marcos 9:23).

Crea únicamente en lo que es verdad de Dios; acepte lo que es hermoso y bueno. Crea en la bondad de Dios; en el amor de Dios, en la orientación de Dios, en la armonía de Dios y en la sabiduría del Todopoderoso. Crea en la dicha de Dios y en Su abundancia. Crea y espere todas las bendiciones del Cielo en este momento y en este lugar. Reconozca la Paternidad de Dios; Dios es un padre amoroso; El lo ama, y lo cuida y quiere que sea feliz, dichoso y libre. Usted se encuentra aquí para expresar la dicha de la vida y su divinidad con el propósito de que el mundo goce de bendiciones porque usted pasó por aquí.

EL HOMBRE ES UN CANAL DE DIOS

"Yo dije: Vosotros sois dioses, y todos vosotros hijos del Altísimo". (Salmos 82:6).

Es fundamental y esencial decir que los hijos deben tener la misma naturaleza y ser de la misma especie que el padre. *"Yo y el Padre uno somos".* (San Juan 10:30). Esto significa que usted y Dios son uno, mental, espiritual y físicamente. Lo Infinito se encuentra en su interior; por lo ᴊnto, no hay fin a la gloria que es el hombre. Usted es capaz de crecimiento infinito y de desarrollo espiritual. El viaje siempre es hacia adelante, hacia arriba y hacia Dios.

Su oración más grandiosa es tranquilizar las ruedas de su mente todas las mañanas y durante cinco o diez minutos sentir que es un canal por medio del cual Dios fluye como armonía, salud, paz, dicha, integridad, belleza, amor, compañerismo, seguridad, un lugar verdadero de expresión. Cuando ora, con humildad y reverencia de esta manera, usted se extiende en conciencia espiritual hasta trascender sus sueños más preciados.

ME HE RESIGNADO

Su destino glorioso es unirse con Dios y experimentar poder, sabiduría, fuerza e iluminación. Ya no sea ni siervo, ni esclavo. Nunca diga: "Es la voluntad de Dios y debo sobrellevar mi enfermedad"; "tengo que resignarme a mi destino"; "debo soportar esto"; "padezco de un mal incurable"; "no tiene remedio". Si usted hace tales declaraciones, o si su actitud mental es que usted se encuentra aquí para sufrir y que Dios lo castiga por sus pecados, se pone en servidumbre y cautiverio y menosprecia su destino Divino como hijo del Dios Viviente, que está en la tierra para disfrutar de la herencia de su Padre. Sus propios pensamientos y sentimientos crean su destino.

LA RESIGNACION ES UNA SUPERSTICION

Nunca debe aceptar desgracias, enfermedades o pobreza con calma, sin comprender al mismo tiempo que usted se puede elevar sobre el sufrimiento por medio del poder de Dios. Desde cualquier punto de vista, es totalmente incorrecto que usted permanaezca en algún tipo de cautiverio ya sea físico, mental o material. No existe virtud alguna en la resignación, ni en conformarse con su suerte. Resignarse a la enfermedad o a la pobreza es un pecado;

es no comprender el verdadero sentido de la salud perfecta y de la abundancia. La resignación es una mezcla de ignorancia, temor, superstición e indolencia. Debe negarse a aceptar mala salud, discordia, pobreza, soledad e infelicidad.

Usted se encuentra aquí para permitir que la luz de Dios ilumine su mente, cuerpo y medio ambiente. Esta es la única manera en que usted puede glorificar a Dios en este momento y en este lugar. Dios siempre tiene éxito en todas Sus empresas, y lo que es verdad de Dios es verdad de usted porque es Su hijo y heredero de todas sus riquezas. Por su amor a Dios es su deber sagrado negarse, en forma positiva y definitiva, a aceptar cualquier cosa que no sea paz mental, lugar verdadero, abundancia y seguridad. Continúe pidiendo y tocando hasta que su respuesta llegue.

"...*llamad y se os abrirá...*" (San Mateo 7:7). Esto significa que cuando usted ha tomado una decisión clara y definitiva en su mente subconsciente, entonces, obtendrá una respuesta de su mente más profunda, la cual está llena de sabiduría y de poder. Usted se niega a recibir un "no" como respuesta porque cree implícitamente en las promesas de Dios: "*Pedid, y se os dará ..*" (San Mateo 7:7). Siga afirmando su bien, continua y constantemente hasta que su oración sea contestada.

LA SOLUCION DE LA DISPUTA

Si usted es una persona que no se adapta en ningún sitio y sufre de carencias, puede hacer algo acerca de eso, de inmediato. Debe resolver irradiar amor, paz y buena voluntad hacia todos y exaltar el poder de Dios que se encuentra en su interior; el temor y la duda también aparecen. Debe resolver la disputa en su mente con el fin de restaurar la paz. Nuestras creencias fijas, acondicionamiento anterior y educación religiosa impiden y obstruyen nuestra fe en Dios y en todo lo bueno, y descubrimos que nuestra mente es un campo de batalla.

Como indicamos con anterioridad, su deseo es de Dios

y posee sus propias matemáticas y mecanismos. Las condiciones, circunstancias, y el medio ambiente no son causativos, son efectos y están sujetos a cambio. El pensamiento de temor que desafía su deseo debe desaparecer y su deseo debe perdurar; debe apartar su atención, totalmente, del pensamiento de oposición; esto lo matará de hambre; debe deleitarse en forma mental y emocional con sus ideales y objetivos en la vida.

Su deseo de tener salud, felicidad, logros y progreso es bueno, constructivo y saludable y lo bendecirá. Le debe proporcionar lealtad, devoción y atención a su objetivo, ideal o deseo. Su imagen es la primera causa relacionada con la cosa por la que usted ora, y es real en su propio plano y referencia. Debe elevar su mente y su corazón más allá del problema o de la dificultad y debe imaginar la realización de su deseo, un final feliz, sin tomar en cuenta la oposición. El temor y las creencias falsas deben desaparecer; morirán si se les niega atención; a su objetivo le debe suministrar confianza y vida. Esta es la manera de conciliar los contrarios.

UN CIENTIFICO DEFINE "DEMONIO"

Un famoso científico espacial, el Dr. Lothar Von Blenk-Schmidt, quien se dedica a la investigación de viajes espaciales, señaló que siempre se topa con el demonio, lo que significa, sencillamente, resistencia, dificultades y problemas; algunas veces aparece el fracaso. El resuelve estos problemas por medio de la oración; se tranquiliza y se calma y pide una respuesta, y en algunas ocasiones obtiene, en forma espontánea, ideas creativas, las cuales son necesarias para la solución (mente subconsciente). Los ingenieros, químicos y físicos que trabajan para él están tratando de superar la fricción atmosférica y la resistencia (el demonio) con diversas aleaciones de metales.

Siempre existe una respuesta, una solución, un final feliz. Es por medio de nuestras dificultades y problemas (nuestro demonio) como descubrimos nuestra Divinidad. La dicha se encuentra en la superación.

SE DEBE CONVERTIR EN
UN PARACAIDISTA ESPIRITUAL

Usted se encuentra aquí para descubrir su Ser de Dios. Si todas sus facultades funcionaran en forma automática, usted no podría descubrir los poderes y los atributos que Dios le otorgó. Para deducir la ley de la vida puede utilizar sus poderes de dos formas. El hombre está bajo la servidumbre y cautiverio de los cinco sentidos hasta que despierta al Poder Creativo. Debe comprender que sus pensamientos llegan en pares. El pensamiento de temor no es real, niega lo que es verdad. Debe ser una paracaidista espiritual; debe volar sobre el obstáculo con alas de fe e imaginación, y debe regocijarse y agradecer la dicha de la oración contestada.

El amor es la realización de la ley de salud, felicidad, abundancia y seguridad. Debe desearles a todos lo que se desea a sí mismo y debe enamorarse de su objetivo. Debe serle fiel y leal a su meta y ésta acontecerá, y la luz de Dios brillará sobre usted.

Envié mi Alma a través de lo Invisible.
Para que me dijera algo sobre aquella vida Después de la Muerte:
Y con el tiempo mi Alma regresó a mí
Y contestó: "Yo Misma soy el Cielo y el Infierno".

El Rubaiyat de Omar Khayyam

SUS INSTRUMENTOS PARA LOGRAR AUTORIDAD

1. Sus pensamiento llegan en pares. Usted se encuentra aquí para conciliar los contrarios y atraer armonía, salud y paz a su vida.
2. Cuando aparezca el temor, afirme las grandes verdades del Salmo 27.
3. Coloque su atención en lo que desea, y empezará a conciliar los contrarios.
4. El amor es un vínculo emocional, el cual es men-

201

talmente leal y dedicado a su ideal. Conforme realice esto, el temor desaparecerá y su ideal se convertirá en realidad.

5. Cuando sienta temor, permita que el péndulo de su mente oscile hacia la fe en Dios y usted encontrará paz interior.

6. Afirme y sienta su bien en su mente, y su subconsciente lo hará acontecer.

7. Su relación con Dios (el Principio de la Vida en su interior) debe ser cordial y cariñosa como la de un padre y un hijo.

8. Los hijos deben tener la misma naturaleza y ser de la misma especie que el padre. *"Yo y el Padre uno somos"*. Usted y Dios son uno. Dios es su Padre.

9. Si piensa que Dios lo castiga, se está colocando en cautiverio. Usted es la causa de su propia miseria. Su pensamiento y su resentimiento crean su destino.

10. Resignarse a la enfermedad, a la pobreza y a no poder curarse es una mezcla de ignorancia, temor, superstición e indolencia.

11. Su deseo posee sus propias matemáticas y mecanismos. Debe depositarlo en su mente subconsciente y crecerá como crecen las semillas en las entrañas de la tierra.

12. El "demonio" es cualquier pensamiento negativo o falso. Es la nada que trata de ser algo. El "demonio" es un concepto erróneo, o negar el poder de Dios en el hombre.

13 Lo que es verdad de Dios es verdad de usted, porque usted es Su hijo y heredero de todas Sus riquezas.

14. No debe aceptar "no" como respuesta. Crea implícitamente en las promesas de Dios. *"Pedid, y se os dará"*.

15. Sea un paracaidista espiritual y vuele sobre el obstáculo con alas de fe en Dios y una imaginación disciplinada. Imagine y sienta el final feliz, y acontecerá.

16. El amor es la realización de la ley de salud, felicidad, y paz mental. Les debe desear a todos lo que se desea a sí mismo, y la luz de Dios brillará sobre usted.

"Todo lo que el hombre siembra, eso también segará" (Gálatas 6:7). Esto significa que si sembramos pensamientos de paz, armonía, salud y prosperidad, segaremos en consecuencia; y si sembramos pensamientos de enfermedad, carencias, conflictos y disgustos, eso es lo que cosecharemos. Debemos recordar que nuestra mente subconsciente es como la tierra, hará crecer cualquier clase de semilla que plantemos en el jardín de nuestra mente. Hablando en forma Bíblica, sembramos pensamientos cuando creemos en ellos de todo corazón, y lo que en realidad creemos en lo profundo de nuestro corazón es lo que experimentaremos.

¿POR QUE ME CASTIGA DIOS?

Tuve una amiga que estaba postrada en la cama debido a una enfermedad, y cuando la visité en un hospital de Londres, me preguntó: "¿Por qué me sucede esto? ¿Qué he hecho para merecerlo? ¿Por qué está enojado conmigo Dios? ¿Por qué me castiga Dios?"

Sus amigos me indicaron que ella era muy buena, que era espiritual, y que era un pilar en la iglesia. Es verdad que ella era una excelente persona en muchas formas, sin embargo, creía que su enfermedad era una realidad incurable. Pensaba que su corazón era gobernado por leyes propias, independientes de su forma de pensar. Esta era su creencia, así que naturalmente, actuaba en consecuencia.

Ella cambió su forma de pensar y empezó a comprender que su vida era la vida de Dios y que cuando cambiara su forma de pensar, cambiaría todo su cuerpo. Cesó de darle poder a sus pensamientos de enfermedad y oró de la siguiente manera: "La Presencia Infinita de Curación fluye en mí como armonía, salud, paz, integridad y perfección. El Amor de Curación de Dios mora en todas mis células". Repitió esta oración con frecuencia y después de cambiar su forma de pensar siguió una maravillosa curación. Esta mujer había vivido, durante varios años, temiendo un infarto, sin saber que lo que más nos asusta es lo que acontece.

La ley de la vida es la ley de la creencia. Los problemas de todo tipo son la señal de alarma de la naturaleza que nos avisa que estamos pensando incorrectamente acerca de ellos y nada más que un cambio en nuestra forma de pensar nos puede liberar. En realidad, experimentamos lo que creemos. Existe una ley de causa y efecto que funciona constantemente, y nada le sucede al hombre sin su consentimiento mental y sin su participación. Usted no tiene que pensar acerca de un accidente para que sobrevenga.

CULPABA A LA MADERA HUMEDA

El Dr. Paul Tournier, un famoso psiquiatra francés, citó el siguiente caso:*

"Hace unos días, llegó a mi casa un trabajador que estaba contratado en la construcción de un garage en la casa vecina: Se había cortado en una mano con una sierra. Desinfectarlo, darle un par de puntadas y ponerle una curación; ¿qué podía ser más sencillo? Era una rutina casi automática. Sin embargo, mientras yo trabajaba, platicamos. El hombre herido preguntó: "¿Ha visto usted esos maderos que el jefe quiere que cortemos con la sierra? Provienen directamente de los árboles; están tan húmedos que es casi imposible hacer algo con ellos". Así que en aquella desafortunada cortada había algo más que sólo

* Libro de Casos Clínicos de un Doctor a la Luz de la Biblia, por Paul Tourier; reimpresión con el permiso de Harper & Row, Inc., Nueva York, N.Y.; primera edición norteamericana 1960.

un accidente. El hombre estaba irritado con su jefe. Cuando nuestro trabajo nos irrita, nuestros esfuerzos ya no son coordinados ni estables, y de esa manera sucedió el accidente. Al continuar con su relato, me enteré de que este trabajador no era un carpintero de oficio, era un mecánico de precisión, quien había sido despedido sin justificación. Su irritación con su jefe actual se debía, en parte, al hecho de que le traspasó el rencor que tenía alojado y que había reprimido".

Esto indica que los trastornos emocionales pueden ser la causa de accidentes serios.

LA CAUSA DE LOS ACCIDENTES

"...O aquellos dieciocho sobre las cuales cayó la torre en Siloé, y los mató, ¿pensais que eran más culpables que todos los hombres que habitan Jerusalén? Os digo: No; si no os arrepentís, todos pereceréis igualmente" (San Lucas 13:4, 5).

Jesús niega en forma categórica que las víctimas de tales catástrofes fuesen pecadores peores que cualquier otro hombre, y agrega: "Si no os arrepentís, todos pereceréis igualmente".

Las desgracias, accidentes y tragedias de varios tipos son señales de trastornos mentales y emocionales. "Arrepentirse" significa de otra manera, regresar a Dios y estar en armonía con el Infinito y afirmar orientación Divina, acción correcta y armonía en todas sus empresas. Cuando sus pensamientos son los pensamientos de Dios se encuentra con sus pensamientos de lo bueno.

COMO PROTEGERSE DE LOS ACCIDENTES

Debe tranquilizar su mente diversas veces al día y afirmar con lentitud, calma y amor: "Dios fluye en mí como armonía, salud, paz, dicha, integridad y perfección; Dios camina y habla en mí. El encanto de Dios siempre está a mi alrededor y donde quiera que yo esté la sabiduría de Dios gobierna todos mis caminos y la acción correcta

Divina prevalece. Todos mis senderos son caminos de afa·
bilidad y todos mis caminos son paz".

Conforme usted reflexione acerca de estas verdades
eternas, establecerá patrones de orden Divino en su mente
subconsciente. Lo que usted imprime en su mente subconsciente se expresa; por lo tanto, usted estará consciente de
que, en todo momento, lo cuida la Presencia Todopoderosa,
su Padre Celestial, quien le responde cuando Lo llama.

Todos estamos en la mente de la raza, el gran mar
psíquico de la vida. La mente de la raza cree en enfermedades, accidentes, muertes, desgracias y tragedias de todo
tipo, y si no nos arrepentimos, es decir, si no pensamos
por nosotros mismos, la mente de la raza pensará por
nosotros. Gradualmente, los pensamientos de la mente de
la raza que interfieren con nuestra conciencia pueden
alcanzar un punto de saturación y precipitar un accidente,
una enfermedad repentina, o una catástrofe.

La mayoría de la gente no piensa; únicamente cree
que piensa.

Usted piensa cuando distingue entre lo que es falso
y lo que es cierto. Pensar significa elegir; usted tiene la
capacidad de decir sí y no. Decir "sí" a la Verdad y rechazar todo lo que no se parezca a Dios o a la Verdad. Si el
instrumento mental no pudiera escoger, usted no sería un
individuo. Tiene la habilidad de aceptar y rechazar. Piense sobre: "...*todo lo que es verdadero, todo lo honesto,
todo lo justo, todo lo puro, todo lo amable, todo lo que es
buen nombre; si hay virtud alguna, si algo digno de alabanza, en esto pensad*" (Filipenses 4:8).

Usted piensa cuando sabe que existe una Inteligencia
Infinita que responde a sus pensamientos y que, sin importar cual sea el problema, conforme piense acerca de
la solución Divina y el final feliz, descubrirá una sabiduría
subjetiva en su interior que le responde y le revela el
plan perfecto y le muestra el camino a seguir.

DIOS ESTA EN CONTRA DE MI

Hace algunos meses, me visitó una mujer y manifestó

208

que durante varios años había padecido de una lesión orgánica que no sanaba. Se había sometido a todo tipo de terapia, incluyendo rayos X; había orado y había intentado la terapia de oración con otros, sin resultado alguno.

Ella declaró: "Dios está en contra de mí. Soy una pecadora, y por eso me castiga". También me informó que fue a consultar a un hombre que la hipnotizó, interpretó su pasado y tuvo la desfachatez de decirle que ella era víctima del "karma", que había lastimado a la gente en su vida anterior, la había castigado en forma injusta y en consecuencia, ahora ella sufría y cosechaba su merecido. En forma conmovedora me preguntó: "¿Cree usted que ésta es la razón por la cual no puedo sanar?"

LA EXPLICACION

Todo esto es una tontería y una monstruosidad absurda. La explicación anterior únicamente agravó la miseria y el dolor de la mujer y no ofrecía curación o consuelo. Le expliqué una verdad antigua: Existe un solo poder, llamado Dios, la Inteligencia Creativa que todos tenemos y que nos creó. Este poder se convierte en lo que creemos que es. Si una persona piensa que Dios lo castiga y que debe sufrir. "...conforme a vuestra fe os sea hecho" (San Mateo 9:29). "Según piensa el hombre en su corazón, así es él" (Proverbios 23:7). Esto significa que los pensamientos y los sentimientos del hombre crean su destino.

Si el hombre no piensa constructiva, sabia y juiciosamente, alguien más y la mente de la raza pensarán por él, podrán convertir su vida en un caos total. Si usted cree que Dios es bondad infinita, amor ilimitado, armonía absoluta y vasta sabiduría, la Presencia de Dios responderá en consecuencia por medio de la ley de la relación recíporca y usted descubrirá que cuenta con incontables bendiciones.

Las fuerzas de la vida no son malignas, sino que dependen de la forma en que las empleamos. La energía atómica no es mala, es buena o mala según la forma en que la usamos. El hombre puede utilizar la electricidad para matar a otros o para aspirar un piso. Usted puede usar agua para apagar la sed de un niño o para ahogarlo. El empleo que les damos a las cosas u objetos en el mundo es determinado por los pensamientos del hombre. La mente del hombre es la que determina cómo usar las fuerzas y los objetos en el mundo. El bien y el mal son funcionamientos de la mente del hombre en relación con el Unico Poder que es íntegro, puro y perfecto. La Fuerza Creativa está en el hombre; no existe poder en el universo salvo el poder que le otorgamos a lo externo.

Esta mujer buscaba una justificación y pretextos para sus sufrimientos; buscaba fuera de sí misma, en lugar de comprender que la causa siempre se encuentra en su mente subconsciente.

SU ROMANCE ILICITO

Le pedí que me contara sobre su relación con los hombres. Confesó que había tenido una aventura amorosa cinco años antes y que se sentía culpable y tenía mucho remordimiento. Este pesar sin resolver era una herida psíquica detrás de su lesión orgánica. Comprendió que Dios no la castigaba, sino que ella se castigaba a sí misma por medio de sus propios pensamientos. La lesión era un pensamiento solidificado, que ella podía disipar.

La Vida o Dios no castiga, si usted se quema un dedo, la vida procede a reducir el edema, le suministra piel nueva y lo restaura por completo. Si usted come alimentos contaminados, la vida hace que regurgite y trata de que vuelva a gozar de salud perfecta. En la antigüedad, decían que el doctor cura la herida y que Dios la sana.

La lesión de esta mujer y sus síntomas mórbidos que ningún tratamiento médico, ni terapia de oración pudieron curar o sanar, desaparecieron en una semana. No existe peor sufrimiento que un sentimiento de culpabilidad ni sin duda alguna, tan destructor. Esta mujer se había castigado a sí misma durante cinco años por su destructiva forma de pensar y en el momento en que cesó de condenarse a sí misma y empezó a afirmar que la Presencia

Infinita de Curación saturaba todo su ser y que Dios moraba en todas las células de su cuerpo, la lesión desapareció.

Si usted hace mal uso del principio de la electricidad o de la química durante 50 años y de repente, usted la emplea en forma correcta, usted con toda seguridad, no diría, que el principio de la electricidad sentía rencor hacia usted porque le había dado un uso incorrecto. De la misma manera, sin tomar en cuenta el tiempo en que usted haya utilizado su mente negativa y destructivamente, en el momento en que usted empiece a usarla en forma correcta, seguirán resultados correctos. *"No os acordéis de las cosas pasadas, ni traigáis a memoria las cosas antiguas"* (Isaías 43:18).

CULPABA A LOS PLANETAS

Un hombre que estaba perdiendo su visión, gradualmente, me vino a consultar hace algunos meses; atribuía esto a la falta de vitaminas y a factores de herencia y señaló que su abuelo se quedó ciego a los 80 años de edad. Pertenecía a un culto extraño, y el líder de dicho culto, después de leer su horóscopo, le informó que los planetas estaban en configuración maléfica y que ésta era la causa de su visión declinante.

En la medicina psicosomática de la actualidad es bien sabido que los factores mentales y emocionales desempeñan un papel definitivo en todas las enfermedades. El funcionamiento de la mente puede causar miopía. Si se tratan los factores mentales y emocionales del individuo en vez de los ojos en sí, puede surgir el factor emocional básico, la razón por la cual la mente subconsciente selecciona una dolencia que tiende a alejar todo, salvo los alrededores inmediatos. El finado Dr. Flanders Dunbar, un psiquiatra distinguido y autor de *"Las Emociones y las Enfermedades Corporales"* declaró que ciertas reacciones emocionales pueden causar deformaciones del globo ocular además de diversos trastornos de los ojos, debido a los músculos involuntarios del ojo.

Al conversar con este hombre, me informó que cuando

veía a su suegra sentía un profundo odio hacia ella y que ésta vivía en su casa. Estaba lleno de ira reprimida y su sistema emocional no pudo aguantar la tensión un momento más y eligió los ojos como chivo expiatorio. En este caso, la explicación fue la curación. El se sorprendió cuando se enteró que las emociones negativas, si persisten, se enmarañan en la mente subconsciente y como son negativas, tienen que encontrar una salida negativa. Su mente subconsciente recibía órdenes negativas ("No quiero ni verla"; "Ya no quiero volverla a ver") las cuales fueron aceptadas por la mente más profunda como peticiones y las hizo suceder.

Dispuso que su suegra se fuera a vivir a otro lado. Oró por ella y la entregó a Dios y le deseó todas las bendiciones de la vida, como salud, felicidad, paz, dicha, abundancia y seguridad. Su visión empezó a mejorar casi de inmediato, y en dos semanas había recuperado su vista. Sabía que había perdonado a su suegra porque podía verla en su mente sin sentir irritación. Trató de justificar su mala visión por medio de explicaciones de causas externas en vez de su propia mente.

INDIFERENCIA Y NEGLIGENCIA

Una deficiencia de Vitamina A puede causar oftalmia, una inflamación de la conjuntiva del globo del ojo; sin embargo, la causa de esto también puede ser la ignorancia, la indiferencia o la negligencia por parte del individuo. La razón de lo primero sería la estupidez o el descuido, y lo último es un estado mental o sencillamente una falta de conocimientos. La Vitatmina A está omnipresente y debemos tener la inteligencia de utilizarla.

Usted no puede esquivar ni evitar la ley de la mente. Conforme a vuestra fe os sea hecho, y una creencia es un pensamiento de la mente. Ningún poder externo ni entidad maligna trata de atraerlo o causarle daño. La gente atribuye, en forma constante, sus dolencias a Dios, a la atmósfera, al clima, al tratamiento equivocado, a entidades nocivas, a herencia y a la dieta. El hombre contamina el aire con sus nociones extrañas y con sus doctrinas falsas. Si un hombre cree que por estar cerca de un ventilador eléctrico se resfriará o padecerá de cuello rígido, cuando él acepta esta creencia, ésta se convierte en su amo y señor y el resfriado tiene lugar. Por esta razón, la Biblia dice: *"Conforme a vuestra fe os sea hecho"* (San Mateo 9:29). El ventilador no posee poder para causarle un cuello rígido a nadie, no puede causar daño. Usted puede emplear su fe de dos maneras. Puede tener fe en un virus invisible que hará que se resfríe, o puede tener fe en el Espíritu Invisible que se encuentra en su interior para que fluya en usted como armonía, salud y paz.

LE QUEDA COMO SU PIEL

Debe comprender que Dios no puede estar enfermo y el Espíritu que se encuentra en su interior es Dios y que lo que es verdad de Dios es verdad de usted. Crea en esto y nunca se enfermará puesto que *"conforme a vuestra fe os sea hecho"* (en salud y felicidad). Emerson esribió:

"El (hombre) piensa que su destino es extraño porque la cópula está oculta. Sin embargo, el alma contiene el evento que le acontecerá; pues el evento es únicamente la realización de sus pensamientos, y lo que pedimos en nuestras oraciones siempre es otorgado. El suceso es la impresión conforme a su forma. Le queda como su pie".*

ASESINATO EN SU CORAZON

No poder pensar correctamente es tan malo como pensar en forma negativa y destructiva. Cuando era un muchacho, recuerdo que en Irlanda un granjero esperó detrás de una cerca todos los días, durante más de una semana, con el fin de matar al terrateniente cuando pasara por ese lugar. Un día cuando dicho granjero se dirigía a su lugar acostumbrado, tropezó y el rifle se disparó y recibió una

* "Destino", Ralph Waldo Emerson.

herida fatal. En esa ocasión, no comprendí la razón pues al igual que los demás pensé que se trató de un accidente.

No existen los accidentes; existe una mente, un estado de ánimo, un sentimiento detrás de aquel coche, tren, bicicleta, y atrás de la pistola. Este nombre tenía asesinato en su corazón durante mucho tiempo, y su mente subconsciente respondió en consecuencia.

DOS COSAS DESIGUALES

Dos cosas desiguales se repelen una a la otra. Si usted camina y habla con Dios y cree que Dios lo guía y que la Ley de la Armonía siempre lo gobierna, entonces usted no puede encontrarse en un tren que se va a descarrilar, porque la discordia y la armonía no moran juntas.

UNA BALA LA ALCANZO

Una mujer me escribió que su hija había estado observando a un grupo de hombres que peleaban en las calles de Nueva York, y que una bala la alcanzó y en consecuencia fue necesario que le amputaran dos dedos. ¿Cuál fue la causa de esto? ¿Era la voluntad de Dios? La madre agregó como posdata en su carta: "Mi hija no puede hacer que le regresen sus dedos por medio de la oración".

¿Sucedió el accidente para castigarla por sus pecados? La respuesta a todas las preguntas de la madre es negativa. Dios no juzga ni castiga; el mal y el bien son funcionamientos de la propia mente del hombre. Es sumamente primitivo pensar que Dios nos castiga o que el diablo nos tienta. Nuestra creencia siempre se manifiesta. Los hombres, mujeres y niños testifican, en forma constante, sus actitudes mentales, y suposiciones. Nuestro estado de conciencia siempre es la causa; es lo que creemos conscientemente y subconscientemente.

No sabemos cual era el contenido de la mente de esta chica. Si estaba llena de odio, resentimiento, hostilidad y autocondena pudo haber atraído esto a sí misma. Debemos recordar que la mayoría de la gente no disciplina, ni controla, ni dirige sus pensamientos e imaginación por medio de los canales semejantes a Dios; por lo tanto, no pensar en forma constructiva y armoniosa, desde el punto de vista del Unico Infinito, significa que permite que se abra su mente a la mente irracional de la raza que está llena de temores, odios, celos y todo tipo de sucesos negativos.

LE NACIO UNA MANO IZQUIERDA

Muchas personas son firmes y categóricas cuando declaran que un hombre no puede hacer que le nazca una pierna, ni un dedo, si carecen de éstos. Me voy a permitir una cita de "El sana en la actualidad" por Elsie H. Salmón:*

"Mildred contaba con tres años de edad cuando me la trajeron. 'Había nacido sin la mano izquierda' (énfasis de la Sra. Salmon). El brazo terminaba en una punta, bastante arriba de la muñeca, no más grande que un dedo pulgar".

Elsie Salmon contestó a los padres de la niña, en respuesta a su pregunta: "Si creemos que todo le es posible a Dios, entonces puede hacer que nazca esta mano".

"En un mes, la parte que terminaba en punta, al extremo del brazo deforme, había duplicado su tamaño, y estaba bastante rolliza; cuando el padre vió este notable desarrollo comentó: "Todo puede suceder".

Al mes siguiente, apareció una formación que parecía ser un pulgar y, en ese tiempo, pensamos que era un pulgar.

Aproximadamente tres meses después, descubrimos que no era un pulgar sino que el crecimiento era toda la mano en el extremo del brazo y se estaba abriendo como una flor, ante nuestros ojos".

Ella concluye con el comentario de que ahora los escépticos aceptan esto como un hecho establecido.

* Permiso otorgado por Arthur James Limited, "The Drift" Evesham Worcs., Inglaterra; sexta edición, 1959.

Tal vez, debemos aprender una lección del rinoceronte. Cuando le cortamos sus cuernos y sacamos las raíces, hace que le broten nuevos cuernos. Si le cortamos las patas a un cangrejo hará brotar patas nuevas. Si el hombre creyera que puede hacer nacer un dedo, una pierna o cualquier órgano nuevo, podría experimentar su creencia. *"Para Dios todo es posible"*. (San Mateo 19-26).

PENSAMIENTOS PARA RECORDAR

1. Usted siembra pensamientos en su mente subconsciente cuando cree en ellos de todo corazón, y lo que imprima en su subconsciente será expresado.
2. Cualquier tipo de problemas es la alarma que Dios hace sonar para recordarnos que estamos pensando de manera incorrecta, y de inmediato debemos corregir nuestros procedimientos de pensar.
3. Cuando un hombre está emocionalmente irritado y perturbado, sus esfuerzos ya no son coordinados ni estables, y puede tener un accidente.
4. Las desgracias, accidentes y tragedias de varios tipos son señales de trastornos mentales y emocionales que se manifiestan.
5. Establezca patrones mentales de orden Divino en su mente subconsciente, y usted estará protegido de todo peligro.
6. Debe pensar por sí mismo; de otra manera, la mente de la raza y la propaganda del mundo pensarán por usted. No permita que las opiniones de las masas piensen por usted.
7. Pensar es elegir. Diga "sí" a las verdades eternas de la vida y elija salud, felicidad, sabiduría y paz mental. ¡Escoja la vida abundante!
8. Dios no castiga a nadie. Dios no juzga a ningún hombre. Usted se castiga a sí mismo por medio de su forma de pensar incorrecta y por sus creencias falsas. Conforme vuestra fe os sea hecho. Crea en un Dios de amor y en la bondad de Dios en la tierra de los vivos.

9. La vida siempre lo perdona. Si se quema un dedo, la vida lo cura. ¿Por qué no perdonarse a sí mismo y ser libre?

10. Sin importar por cuanto tiempo usted haya empleado su mente de manera negativa y destructiva, en el momento en que empiece a utilizarla en forma correcta, seguirán los resultados correctos.

11. En la medicina psicosomática de la actualidad es bien sabido que los factores mentales y emocionales desempeñan un papel definitivo en todas las enfermedades.

12. Ningún poder externo ni entidad maligna trata de atraerlo o causarle daño. La causa siempre se encuentra en su propia mente y se basa en lo que usted piensa, siente, cree y a lo que usted le otorga consentimiento mental.

13. El evento es únicamente la realización de sus pensamientos. El evento o la experiencia le queda como su piel.

14. Es sumamente primitivo pensar que Dios lo castiga. Dios lo ama; usted es Su hijo. No debe atribuirle a Dios cosas que usted no se atrevería a atribuirles a sus padres.

15. No existen los accidentes. Hay una ley de causa y efecto detrás de todas las experiencias. La causa es su pensamiento, y el efecto es la reacción a su pensamiento.

16. Si un hombre cree que puede hacer que le nazca una pierna, un brazo o un dedo, podría experimentar esta creencia, pues para Dios todo es posible.

VIAJANDO CON DIOS

17

Cada vez que emprendo un recorrido de conferencias oro de la siguiente manera: *"Es Jehová tu Dios el que pasa delante de ti"* (Deuteronomio 9:3). Tengo fe y confianza en que soy orientado y guiado en forma Divina por todos mis caminos. Estoy consciente de que el amor Divino me antecede y hace que mi sendero sea recto, hermoso, dichoso y feliz. Comprendo que en cualquier momento y a donde sea que me dirija, ya sea por autobús, tren, avión, coche o cualquier medio de transporte que utilice, el amor y la inteligencia Divinos gobiernan mi viaje. Todas las carreteras y todos los senderos en el mundo están bajo el control de Dios y así los cielos arriba y la tierra abajo se convierten en un camino real para mi Dios.

VIAJE COMO REY

En tiempos antiguos, y aun en la actualidad, cuando los reyes viajaban, mandaban correos y mensajeros para que prepararan y alistaran todo para su llegada; aseguraban así, una bienvenida real. Asimismo los soldados reconocían la ruta como se hace cuando un presidente sale de viaje. Los hombres del servicio secreto recorren la ruta y examinan las vías del tren y las plataformas, y se mantienen vigilantes en todo momento. Ni los ladrones, ni los rateros, ni los bandidos pueden acercarse al rey cuando viaja, porque se toman todo tipo de precauciones para garantizar su seguridad.

Conforme usted camine en la conciencia del amor de Dios, mientras usted ore para que el amor de Dios lo anteceda para que su camino sea recto, dichoso, feliz y bello y a medida que viva con esa suposición, usted también tendrá maravillosas experiencias en su viaje y conocerá a magníficas personas. Cada vez que emprenda una viaje debe enviar a su gente (sus pensamientos y sentimientos) para que le preparen su camino, con el propósito de que tenga una bienvenida real asegurada en cualquier lugar a donde se dirija.

ESCUCHE LA VOZ INTERNA

Hace algunos años, partí de Los Angeles hacia Europa, Africa, Australia, Nueva Zelanda e India, vía ruta polar. Debemos aprender a escuchar los murmullos y susurros de las cuerdas de nuestro corazón, los cuales nos guían hacia la acción. No había transcurrido mucho tiempo de este viaje de conferencias, cuando me percaté de las razones por las que emprendí el recorrido. Usted se enterará de mis muchas razones, conforme lea este capítulo. Estoy seguro de que será muy interesante y revelador y que probará ser de gran beneficio para usted.

Viajar por esta ruta polar resulta estimulante. Nunca olvidaré la experiencia de cuando miré por la ventana del avión y observé las luces danzantes, la variedad de colores; parecía como si todo el cielo nos envolviese en un esplendor de gloria.

Este enorme panorama de la aurora boreal inunda el cielo de gigantescas flamas que son impulsadas hacia arriba impresionantemente hermosas, imponentes e inolvidables, las cuales nos recuerdan que Dios es Belleza indescriptible.

Una pequeña le dijo a su madre: "Mami, mira como baila Dios en el cielo". Estas luces celestiales me hicieron recordar la cita en la Biblia que dice: *"Es la luz verdadera que alumbra a todo hombre que viene al mundo"*, (San Juan 1:9).

Cuando era niño acostumbraba observar la aurora boreal, sin embargo, nunca había yo presenciado tal exhibición del trabajo manual de Dios hasta que miré por la ventana del avión cuando éste se acercaba al Círculo Artico. No pude más que pensar que Dios es todo belleza, dicha y armonía absolutas; además al atestiguar la danza de Dios en el cielo, está uno obligado a pensar en orden, ritmo y proporción.

ME VIO EN UN SUEÑO

El avión hizo una escala, por algunas horas, en Groenlandia. Es, sencillamente, maravilloso observar la forma tan elegante como aterriza el piloto en esa helada isla desolada. Al aterrizar, nos condujeron a una pequeña cabaña en la montaña para tomar café. En ese lugar conocí a un hombre que comentó: "Acostumbraba escucharlo en Los Angeles. ¿Podría visitar a mi hermano en Copenhague?" Le contesté que lo haría. Agregó: "Sabía que usted vendría. Lo ví en un sueño y además comprendí que usted podría explicarle el problema a mi hermano y hacer que las cosas se arreglen entre nosotros".

Le pregunté por qué pensaba que su hermano me escucharía a mí. Contestó que su hermano era estudiante de la mente subconsciente. *

Al aterrizar en Conpenhague, fui a ver a este hombre. Le expliqué mi misión en lo referente a su hermano, y descubrí que odiaba intensamente a su hermano. Padecía un mal imaginario, y se había negado a escribir o a contestar sus cartas.

SU CUELLO RIGIDO

Padecía de rigidez de cuello, lo cual, a menudo, es la consecuencia de resentimientos o de mala voluntad. Oramos juntos y él se unió conmigo para irradiar amor, paz, y buena voluntad hacia su hermano. Le redacté una sencilla oración: "El amor Divino, la paz Divina, y la ar-

---

* Ver "El Poder de Su Mente Subconsciente", Prentice-Hall, Inc. Englewood Cliffs, N.J., 1963.

monía Divina funcionan entre mi hermano y yo en todo momento". La repetición constante de esta oración presta ayuda para solucionar cualquier tipo de malentendido. La oración es un hábito, una ocupación frecuente de la mente. Con esta oración se reacondiciona la mente a la armonía, paz, y buena voluntad, lo que da como resultado la solución del problema.

Después de orar juntos, se sentó y le escribió una carta a su hermano, en realidad, era tan bella que podía conmover a cualquiera. Su cuello rígido se curó totalmente y pudo mover su cabeza con facilidad.

Empecé a pensar sobre su hermano en Groenlandia, quien tuvo un sueño y me vio aterrizar y entrar en la pequeña cabaña para tomar café. El hombre no siempre sabe las causas de sus acciones. Hay momentos en que el Todopoderoso actúa sobre la mente de un individuo, y lo convierte en un mensajero que realiza el sueño o el deseo de otro. Este puede pensar que lo hace por su propia voluntad, pero en realidad el Todopoderoso o la Intelgencia Infinita que se encuentra en su interior lo impulsa a actuar.

SIEMPRE EXISTE UNA SOLUCION

Al llegar a Johannesburg, Sudáfrica, para pronunciar una serie de conferencias encontré que el Centro de la Verdad de la localidad estaba cerrado porque el maestro se encontraba en un recorrido de conferencias. A petición de la Dra. Hester Brunt de la Ciudad del Cabo, entrevisté a cierta cantidad de personas en ese lugar. Buscaba orientación para tener la oportunidad de dictar conferencias allí. Una de las personas con quien hablé, comentó: "A mi esposo le encantaría escuchar sus discursos". Invitó a todos sus amigos y conocidos simpatizantes de la ciencia de la mente y pasamos momentos maravillosos en Johannesburg. La solución aparece, en algunas ocasiones, de manera extraña. *"Como son más altos los cielos que la tierra, así son mis caminos más altos que vuestros caminos, y mis pensamientos más altos que vuestros pensamientos"* (Isaías 55:9).

USTED NUNCA LLEGA DEMASIADO TARDE

Mientras me encontraba en Johannesburg, tenía intenciones de visitar el famoso Parque Kruger, sin embargo, en la administración del hotel me informaron: "Usted llegó demasiado tarde; no se llevarán a cabo recorridos hasta el próximo lunes". Se me estaba terminando el tiempo en ese lugar y le dije a mi Ser Profundo: "Espíritu Infinito encuentra el camino cuando el hombre dice que no lo hay".

Mientras desayunaba, conversé con un hombre de Kimberley, quien me contó su problema. Le expliqué cómo funcionan los poderes de la mente subconsciente y le indiqué los pasos a seguir. A la mañana siguiente comentó que nunca pensó que los métodos de oración que existían eran tan sencillos y que su problema ya se había solucionado. Luego manifestó que él y su chofer iban al Parque Kruger, el gran parque nacional y pasarían por aldeas tribales de zulús para fotografiar en la enorme estepa desde cebras, y rinocerontes hasta jirafas. Señaló: "Vamos a observar leones, mandriles, elefantes, aves que chillan "márchense" y todo tipo de animales desconocidos". De repente, me invitó: "Sería un honor para nosotros que usted nos acompañase; sea mi invitado". No pude negarme; era la respuesta a mi oración.

UNA FORTUNA Y CUATRO BUEYES

Johannesburg, donde impartí una serie de conferencias sobre los poderes de la mente subconsciente, es llamada la Ciudad Dorada de Sudáfrica, una ciudad de risa, alegría, dinero y también de corazones preocupados. El administrador del hotel me informó que hace más de 60 años Johannesburg era únicamente un campo dedicado a la minería y que hace 70 años, donde ahora se encuentran las calles pavimentadas y los altos edificios, había una enorme jungla. En la actualidad, usted encuentra el bullicio y la actividad de la Ciudad de Nueva York. Hace 60 años, un hombre ofreció 8 bueyes por el lugar donde se encuentra

223

Johannesburg; el propietario pedía 12 bueyes, en consecuencia, por faltarle 4 bueyes, el comprador, Sr. Jennings, no pudo comprar la tierra que 60 años después tendría tanta riqueza que haría que Midas y Creso parecieran mendigos. Si hubiera sabido cómo orar, habría mejorado su oferta hasta llegar a los 12 bueyes, el precio que se pedía. Es obvio que no pidió orientación y acción correcta en sus negocios. Abajo de esta gran ciudad existen minas de oro que alcanzan 10,000 pies de profundidad por debajo de la superficie. Usted encuentra una ciudad debajo de una ciudad. En se lugar laboran nativos de todas partes de Africa, dedicados a extraer y a purificar oro.

LA ORACION DE LA MUERTE

El administrador de uno de los pueblos donde habitan mineros de color, estaba a cargo de 9,000 empleados. Cada tribu vive en cuartos y barrios separados, pues tienen diferentes costumbres, idiomas y dioses tribales. Algunas de estas tribus son muy primitivas y supersticiosas.

El administrador, que es escocés, me contó que cuando el curandero dice la oración de la muerte en contra de un nativo, todos sus doctores quedan impotentes ante esto, no lo pueden ayudar y él muere. En otras palabras, el nativo se mata a sí mismo debido al temor, sin embargo, no sabe la razón. La misma oración del hechicero no tiene efecto alguno sobre el misionero blanco, puesto que él se ríe de los conjuros del curandero, lo que nuevamente muestra el poder de la creencia.

Los enemigos se encuentran en su propia mente y en ningún otro lugar. Nadie tiene poder sobre usted a menos que usted le proporcione poder en su propia mente. El Espíritu que se encuentra en su interior es el único Soberano, el Poder Supremo; es Unico e Indivisible, y siempre responde a sus pensamientos.

SEIS MESES DE VIDA

Conocí a una mujer en Johannesburg que tiene seis

224

hijos, uno de ellos es un hombre de 45 años de edad. Ella les enseñó a sus hijos a considerar a Dios como a un Padre Grandioso que siempre los guiaría y los cuidaría, y los sostendría en todos sus caminos. Al hijo, quien trabaja en una mina de oro, le indicaron que no podía vivir más de seis meses. El contestó a su buen doctor: "Doctor, mi Padre no puede y no quiere hacerme eso, tengo tres hijos y me necesitan. Mi Padre me ama y El me curará".

El doctor pensó que estaba bromeando, pero el hombre le explicó lo que quería decir; y se convirtieron en buenos amigos. Se curó y en la actualidad es muy fuerte y vigoroso y tiene un puesto importante en una de las minas de oro de ese lugar.

Este joven me contó que había momentos en los cuales la familia no podía ver la solución de situaciones que parecían imposibles, sin embargo, su madre hacía que todos hablaran con el Padre que se encuentra en su interior, Quien por Su amor hacia ellos respondería; el milagro siempre se realizaba. Esta familia lleva una vida encantada porque considera que Dios es su Padre amable, amoroso, comprensivo y compasivo.

UNA VICTIMA DE POLIO QUE SANO

Una hermana de este hombre había padecido poliomielitis, sin embargo, en la actualidad, camina perfectamente. Platiqué con ella y me manifestó lo mismo que su hermano: "Dios, mi Padre, no podía y no quería y no deseaba que Su hija estuviera paralizada. Mi Padre quiere que yo sea feliz". Le pregunté cómo acostumbraba orar cuando era pequeña y contestó: "Todas las noches decía: 'Padre Amante, haz que tu hija sane, para que pueda cantar, bailar y alegrarse'; sané en dos años".

SOLO QUEDA UNA CICATRIZ

Durante una serie de conferencias en Kimberley, Sudáfrica, conocí a un hombre muy interesante; le informé que iba a referirme a él en mis escritos. Era un soldado de la Segunda Guerra Mundial, y su pierna había sido fracturada por armas de fuego. No sabía nada acerca del Poder de Curación que se encuentra en su interior, pues afirmaba que en ese tiempo era ateo. Cuando le preguntaron en el ejército cuál era su religión, contestó: "Ser Humano". Durante mucho tiempo, permaneció en un hospital inglés y tenía que usar muletas.

Empezó a pensar, y se decía a sí mismo: "Existe una inteligencia que me creó; puede curar mi pierna". Se imaginó a sí mismo realizando todo lo que haría si estuviera sano y perfecto. Con anterioridad, había sido atleta. En su mente, llevaba la vida de un atleta; se imaginó a sí mismo como deseaba ser. Participó en la película mental, la dramatizó, la sintió y la hizo real. Contó que no podía caminar pero en la silla de ruedas sentía como si estuviera andando en bicicleta, escalando montañas o jugando futbol. Además, empezó a afirmar que era fuerte y vigoroso.

El sorprendente resultado de esto fue que en unos cuantos años fue proclamado el hombre más fuerte de Sudáfrica por su tamaño. Su pierna sanó perfectamente bien donde los huesos más importantes se habían fracturado. Me mostró su pierna y sólo queda una cicatriz. Esto demuestra que acontecerá lo que usted imagina y siente como cierto.

OBTUVO UN PASAPORTE

Mientras entrevistaba a algunas personas en Africa, llevé a cabo una interesante conversación con un brillante hombre de Europa. Después de la guerra él fue uno de esos hombres que no tenían país; no podía comprobar su identidad. Su hogar había quedado destruido, todos sus parientes y los miembros de su familia habían muerto. Deseaba obtener un pasaporte, sin embargo, no había esperanzas; manifestó que se lo habían negado una multitud de veces.

Noche tras noche, a su manera sencilla, empezó a imaginar al cónsul sellando su pasaporte imaginario. Posteriormente a su oración, aparecieron personas que testificaron y juraron en cuanto a su origen y a sus antecedentes, y le dieron los papeles. Comentó que encontrar a estas personas fue la experiencia más extraña del mundo. Los caminos de Dios están más allá de nuestra comprensión.

CAMINE POR EL CAMINO REAL

Cada persona es un rey en su propia mente; usted es el amo de las reacciones a sus pensamientos. Puede reorganizar sus pensamientos como desee; y permitir que le presten atención a cualquier cosa sobre la que quiera reflexionar. Sus emociones siguen a los pensamientos; usted es un rey, un monarca en su reino conceptivo. Puede negarle un pasaporte a cualquier visitante extranjero que entre en su reino (mente) como temor, duda, preocupación, ansiedad, crítica, odio, etc. Usted es un rey; usted ordena a sus súbditos y éstos lo tienen que obedecer, puesto que usted es monarca absoluto con poder para matar, destruir y aniquilar a todos los enemigos (pensamientos negativos) de su reino mental. Usted puede lograr esto por medio del fuego del amor Divino o del pensamiento correcto.

Usted decide el estado de ánimo o sentimiento que va a abrigar; puede decidir cómo va a reaccionar ante las condiciones, circunstancias y medio ambiente. Si le llegan noticias desagradables por correo o por mensajero, si otros lo critican, condenan y calumnian, recuerde que usted es rey; nadie lo puede lastimar o herir a menos que usted lo permita por medio de su consentimiento mental. Niegue el permiso. No permita que pensamiento negativo alguno lo moleste. Debe rehusarse, en forma positiva, a reaccionar de manera negativa. Manifieste: "Yo soy rey, camino por el camino real; permanezco impasible y sereno, pues nada me afecta salvo mis pensamientos por medio de mi propio consentimiento mental. Entrego mi fidelidad y mi lealtad sólo a Dios y Sus verdades". *"Tú dices que yo soy rey, Yo para esto he nacido".* (San Juan 18:37).

EL ACENTO EN CIUDAD DEL CABO

Ciudad del Cabo, Sudáfrica es una hermosa ciudad. Ahí se siente usted como en su casa entre personas amables que hablan inglés. Su acento se parece al de los londinenses. A algunos estudiantes de la mente subconsciente en esa ciudad les pregunté: "¿Eres de Inglaterra?" Ellos contestaron: "No, nací aquí". Sin embargo, sus padres eran de Inglaterra, lo que demuestra que la atmósfera mental y espiritual del hogar tiene influencia sobre el niño, donde sea que nazca.

La finada Dra. Brunt y sus capaces asistentes me mostraron los interesantes lugares que se encuentran alrededor de la Ciudad del Cabo, el magnífico Paseo del Jardín, la soberbia herencia de Cecil Rhodes y de los primeros holandeses que radicaron ahí. La Ciudad del Cabo se asemeja a Hollywood de noche; existe en ese lugar un magnífico Centro de la Ciencia de la Mente. La Dra. Brunt contó que muchos norteamericanos que llegaban a su consultorio le preguntaban: "¿Dónde se encuentran los leones y los tigres?" Parecían pensar que todo lo que tenían que hacer para toparse con ellos era alejarse de la ciudad unas cuantas millas.

LA AVENTURA DE LA VIDA

Para experimentar la aventura de la vida, le fascinaría y le encantaría a usted visitar el Parque Nacional Kruger, donde tuve la oportunidad de observar cómo crece, en estado salvaje, la caza mayor, y ver cómo leones extraños restregaban sus lomos contra el guardafango de nuestro automóvil. Contemplé a un hombre salir de su coche para tomar fotografías de un rinoceronte negro y cuando éste atacó al hombre de repente, el hombre tuvo que subir rápidamente a un árbol y permanecer allí.

Oramos por él, pues sabíamos que el amor de Dios se encuentra en todas Sus criaturas. Conforme irradiamos amor y paz hacia el animal, éste se alejó con lentitud y este hombre pudo bajar del árbol. Era un norteamericano que se negó a escuchar las instrucciones del guía.

DIOS ES MULTIMILLONARIO

Conversé con un hombre en el Grand Hotel en la Ciudad del Cabo que me dijo: "Cuando viajo, viajo como rey. Dios es multimillonario". Me agradó su actitud y le pedí que explicara y aclarara con más detalles su forma de pensar, y lo hizo.

Señaló: "Cuando salí de Inglaterra por avión pensé: 'Este avión es idea de Dios; todos sus componentes son ideas de Dios. Dios ama a todas las personas; Dios los ama y yo también. La paz, la abundancia, el amor, la dicha y la inspiración me acompañan en el camino'". Indicó que repite las frases antes mencionadas con frecuencia hasta que por medio de un proceso de ósmosis mental y espiritual estas ideas penetran las profundidades de su mente subconsciente.

¡Este hombre experimentó los sucesos más maravillosos! A pesar de que era completamente desconocido en Ciudad del Cabo realizó contactos muy deseables, tanto de negocios como financieros. Conoció a la muchacha de sus sueños y cuando hablé con él estaba muy enamorado y no tenía apetito (los enamorados, como ustedes saben, no tienen apetito). Decretó que los mensajeros de paz, amor, dicha y abundancia lo acompañaran en todo momento. *"He aquí, yo envío mi mensajero, el cual preparará el camino delante de mí"* (Malaquías 3:1). La próxima vez que usted emprenda un viaje, debe hacerlo con la certeza de que usted es rey y que vive ahora en el reino de Dios y de todo lo bueno. Aquí se encuentra todo lo bueno que usted desea, en espera de que usted lo reclame.

LOS PASOS A SEGUIR

En Oslo, Noruega, donde pronuncié un discurso ante un grupo, en una casa privada, uno de los allí presentes, distinguido lingüista, preguntó: "¿Qué pasos debo seguir después de que crea por completo que mi oración ha sido contestada?" La respuesta fue: "Estará obligado a seguir los pasos que sean necesarios para la realización de su deseo".

La ley del subconsciente es de compulsión. Las creencias y suposiciones subconscientes del hombre dictan, controlan, y gobiernan todas sus acciones conscientes. Usted no le ayuda a la Inteligencia Infinita; de manera automática todo lo que hace, sucede de acuerdo con sus creencias. Puede pensar que realiza algo, sin embargo, todos sus pasos están controlados por su mente subconsciente. Usted goza de libertad de la siguiente forma: Usted tiene voluntad libre para elegir la idea, deseo, o concepto que abriga. Conforme usted acepte la idea, mentalmente, como una realidad viviente, ésta se manifestará en su mundo. Todo lo que usted hace, o cualquier cosa que sucede tiene lugar debido a su creencia. Cuando usted asume que algo es cierto en su mente, la sabiduría subjetiva dirige sus acciones en forma automática.

EL VELA POR LA ISLA

Cuando terminé mis compromisos en Sudáfrica, volé de Johannesburg a Perth, Australia Occidental, una distancia de 8,000 millas, e hicimos escala en las islas Mauricio y Coco. Esta última es pequeña y hermosa. Un inglés me consiguió un coco y me mostró cómo romperlo y cómo beber el jugo de su interior; es un alimento delicioso. Por medio de él, me enteré de la razón por la cual la isla nunca se inunda ni se sumerge, aunque se encuentra al mismo nivel del mar. Indicó que se debía a la Sabiduría Más Alta que hacía que los pólipos de coral fabricaran un muro protector alrededor de la isla y así aseguraban que nada le sucediera a ésta, ni a sus habitantes. En este lugar se puede observar a la Inteligencia Infinita en funcionamiento, la cual siempre vela por el hombre y por sus Creaciones.

EN SIDNEY GANO UNA FORTUNA

La Sra. Grace Aguilar y su esposo, quien es dentista, dirigen conferencias sobre la ciencia de la mente y el poder de la mente subconsciente en Sidney. Son muy amables y cordiales, y han trabajado mucho en este campo. Durante ocho días me dediqué a pronunciar discursos en las tardes y por las noches en ese lugar.

Un importante hombre de negocios de Sidney señaló que por medio de la oración erigió su negocio y ganó una fortuna que bendice a muchos. Su oración constante era la siguiente: "Dios me muestra el camino para que yo le pueda proporcionar a la humanidad un servicio mejor". Esta era su única oración. La sabiduría le respondió y él goza de incontables bendiciones.

DIEZ AÑOS DE MUERTA

Cada vez que emprendo un recorrido de conferencias por todo el mundo siempre visito Perth, Australia Occidental. Una joven de ese lugar sufrió durante muchos años de migrañas, sinusitis, trastornos del estómago y ataques asmáticos graves y me vino a consultar. Me contó que sentía amargura, hostilidad y odio hacia su madre. Le pregunté dónde se encontraba su madre y ella contestó: "Oh, lleva diez años de muerta". Parece que la madre le heredó sus propiedades a su hermana en Nueva Zelanda. Durante todo este tiempo ella se había envenenado con veneno mental, el cual se llama odio. Este es un asesino real. Le expliqué el significado de: "*Y perdónanos nuestras deudas, como también nosotros perdonamos a nuestros deudores*". (San Mateo 6:11). Jesús dijo: "*Perdona hasta setenta veces siete*" (San Mateo 18:22), lo que significa 1,000 veces al día, si es necesario.

Empezó a darse cuenta de que su madre actuó de acuerdo con sus facultades. Su madre hizo lo que sintió que era correcto, de acuerdo con su estado mental. Ella comprendió que era necesario orar por su madre, y que de esa manera se bendecía a sí misma y a su madre.

La oración siempre prospera; la oración sana las heridas del corazón; detiene los hocicos de los leones; hace que los ejércitos huyan; abre las rejas de la prisión; convierte el agua en vino y une los pedazos de un corazón roto.

Ella lloró copiosamente, lo que hizo que se sintiera mejor; fue una liberación. Ella afirmó: "Dios bendice a mi madre y Su amor sea con ella, donde quiera que se encuentre". Este fue el consuelo de curación que necesitaba; era el Espíritu de Dios hablando. Era el espíritu de perdon, de buena voluntad y de comprensión. Oramos juntos por su madre, pues comprendió que su madre estaba rodeada por la luz, el amor y la verdad de Dios y que estaba iluminada e inspirada y que la paz y la belleza de Dios llenaban su alma. El amor de Dios inundó su corazón. Esta mujer se curó con esta bendición. ¡Nunca había presenciado tal cambio en mi vida! A esta joven le brillaron los ojos; una sonrisa apareció en sus labios y parecía que una aureola la rodeaba y la envolvía. Se encontraba bañada por la radiación de la luz ilimitada. Todos sus síntomas desaparecieron. Ella gritó con todas sus fuerzas: "¡Dios es amor y estoy curada!" En un momento experimentó el éxtasis del amor de Dios, algunas veces llamado: "El momento que perdura para siempre".

"Perdona hasta setenta veces siete". Debemos darnos a nosotros mismos la disposición de amor, buena voluntad, y comprensión por nuestras ofensas en contra del otro. Desde luego, la causa de los problemas de esta joven provenía del odio, de complejos de culpabilidad y del temor. Estaba consciente de que odiar era incorrecto, lo que le causaba un complejo de culpabilidad, además temía ser castigada por albergar mala voluntad.

El temor contrae las delicadas membranas mucosas que simbolizan la cubierta del amor de Dios, sin embargo, cuando sintió el espíritu de perdón y llenó su alma de amor, su curación fue instantánea.

LA PRUEBA DE FUEGO

El amor significa liberar, dar; es el espíritu de Dios; es el solvente universal, no tiene ni altura ni profundidad, no viene ni va, llena todo el espacio, los antiguos lo llamaban "amor". Usted siempre sabe cuando ha perdonado al otro. La prueba de fuego es la siguiente: Suponga que alguien le cuenta algo maravilloso acerca de una persona, la cual, digamos, le causó algún daño. ¿Cómo reacciona? ¿Lo resiente? ¿Se molesta? ¿Desea escuchar lo contrario? Si éste es el caso, usted no ha perdonado; las raíces todavía se encuentran ahí. Puede eliminar las raíces por medio de la oración y del amor como se ha esbozado. Debe continuar con esto hasta que sea capaz de sentir regocijo cuando escuche buenas noticias sobre dicha persona. Debe alegrarse cuando observa que la ley de Dios funciona para todos, sin tomar en cuenta quién es, qué es o dónde se encuentra.

LA COSA MAS EXTRAÑA

Un estudiante en Sidney, Australia, donde impartí una serie le lecciones públicas en salones de clases, me informó cómo perdonó a otro hombre, con quien estaba resentido. Comentó que sentía rencor por una carta que había recibido de su gerente general. Su actitud fue la siguiente: "Esto es el colmo, no lo puedo soportar". Hervía de resentimiento y éste le desbordaba, y se decía a sí mismo: "Esto no lo puedo perdonar, después de todos estos años de servicio fiel".

Primero tranquilizó las ruedas de su mente y luego imaginó que el gerente general le había escrito una carta en la que lo alababa a él y a su trabajo, que ello llenaba de satisfacción de acuerdo con la regla de oro, la ley de amor y buena voluntad. Vio las palabras de la carta imaginaria; sintió regocijo cuando las leyó. El me informó: "Continué haciendo esto todas las noches; leía esa carta y una que otra vez veía la firma del gerente general". Desapareció todo el odio conforme realizaba lo anterior.

Lo citaré nuevamente: ¡Sucedió lo más extraño del mundo!" El gerente general le escribió una carta para alabarlo y promoverlo. La carta fue la esencia de lo que había imaginado y sentido durante varios días. Aquí se muestra la gran ley de la substitución o del perdón, la que reemplaza cualquier sentimiento de mala voluntad o de hostilidad por una disposición de amor y buena voluntad.

Lo que este hombre realizó, lo puede hacer cualquiera; todo lo que hizo fue imaginar que había recibido el tipo de carta que, en su corazón, deseaba recibir. Conforme vivía ese evento en su mente y se regocijaba al leer el contenido, su mente subconsciente arrojó un encanto de amor alrededor del gerente general y lo forzó a responder en consecuencia. Usted da amor y recibe amor. *"Perdonad, y seréis perdonados"* (San Lucas 6:37).

INMUNES A LA CALAMIDAD

Existe un magnífico movimiento en Japón llamado Seicho-No-Ie, que significa "El Hogar de la Vida Infinita". Es un movimiento que trata de las leyes de la mente consciente y subconsciente, el cual es dirigido por el Dr. Masahura Taniguchi, un alma iluminada y santa, a quien se le conoce como el Gandhi de Japón. He pronunciado discursos ante su público en algunas ocasiones; estuvieron presentes aproximadamente 3,000 personas en cada conferencia. Cuentan con más de 6,000,000 de estudiantes de la ciencia de la mente en Japón. Los libros se imprimen en inglés y en japonés. También se imparten clases en inglés para los japoneses-norteamericanos así como en su propio idioma. El Dr. Taniguchi ha traducido algunos de mis libros al japonés, los cuales gozan de mucha aceptación en Japón.

En uno de sus escritos, el Dr. Taniguchi cita varios casos que muestran el poder del perdón, es decir, cuando uno se brinda a sí mismo un nuevo concepto de la vida en lugar del antiguo concepto materialista. En una de sus conferencias afirmó que durante una grave inundación en una de las provincias, en cierto pueblo, se derrumbaron algunos restaurantes sin dejar huella alguna. Sin embargo, el Restaurante Hiragiya, en Yase, un lugar de reunión de estudiantes japoneses de la verdad, quedó intacto. La causa de esto radicó en la actitud mental de los estudiantes, quienes creían con firmeza que ninguna calamidad de naturaleza alguna podía sobrevenirles a ellos o a sus posesiones. El Dr. Taniguchi enseña a sus estudiantes que si su mente se dirije hacia la luz, sin tomar en cuenta las calamidades naturales, nunca podrá destruirlos una catástrofe.

¿SALVO SU VIDA EL RELOJ?

El Dr. Taniguchi se refirió una y otra vez a hombres japoneses que se salvaron de descarrilamientos de trenes, de inundaciones, de temblores y de desastres marítimos. Un ejemplo impresionante fue el caso de uno de sus estudiantes quien se dirigió a cierta ciudad, con el fin de llegar a tiempo para abordar un barco, sólo para descubrir que un empleado le había proporcionado información equivocada referente al horario de partida. Cuando llegó al muelle, el barco había zarpado aproximadamente 20 minutos antes. Estaba indignado con el vendedor de boletos porque le había dado el horario equivocado. Sin embargo, dicho barco sufrió un desastre en forma de una colisión. El Dr. Taniguchi señaló que el joven comprendió que se había salvado gracias a su fe en Dios y se lo agradeció a Dios.

UNA SABIDURIA MAS ALTA EN FUNCIONAMIENTO

Nueva Zelanda es un país de maravillosos paisajes; los Alpes del Sur, sus fiordos, sus tierras fértiles, los hermosos lagos y las magníficas caídas de agua pueden igualar cualquier cosa en otros países. Al igual que en Australia, se observan miles de ovejas en todos lados. El conductor de Ciencia Divina, Sr. Silcock, es un prominente hombre de negocios y director de una gran compañía de muebles, la cual abastece a toda Nueva Zelanda de muebles exclusivos. Me informó la manera en que encontró su hermoso hogar en el lago. Leyó el Salmo 23 y se dijo a sí mismo: *"Nuestro hogar está rodeado de pastos verdes y de aguas tranquilas".*

En este lugar hay una extensión de agua hermosa y tranquila, bellos paisajes verdes y miles de ovejas pastando; en realidad, es un panorama salido del Salmo 23. El Sr. y la Sra. Silcock fueron guiados en forma divina a este hermoso lugar, lo que muestra que puede usar la sabiduría de los Salmos para muchos propósitos. La Biblia contiene la sabiduría solidificada de los siglos; cada vez se puede extraer más sabiduría de este medio de reflexión y de oración. El Sr. Silcock dicta conferencias y dedica mucho tiempo a la escritura y a la meditación.

Uno de sus alumnos me llevó a conocer la región térmica de Nueva Zelanda y las aldeas Maori. La región térmica es fascinante la gente vive en un lugar donde se encuentran géisers burbujeantes y humeantes y no le teme a los temblores en absoluto, aunque la tierra se ha sacudido en diversas ocasiones.

El visitante aprende una lección sobre los poderes de la mente subconsciente cuando visita las Cuevas de Waitomo, las cuales se han convertido en un mágico mundo subterráneo de belleza increíble. La "gruta de la luciérnaga" es uno de los espectáculos más maravillosos de Nueva Zelanda; millones de pequeñas luces brillantes en la obscura cueva guían al barco que lo lleva en el recorrido. El guía ofrece una explicación muy técnica y compleja de la razón por la cual las luciérnagas brillan como las estrellas, sin embargo, como preguntó el pensador científico que se encontraba conmigo: "¿Por qué no dijo: 'una sabiduría subjetiva que funciona a través de la luciérnaga la hace brillar con el fin de atraer a los pequeños insectos con su luz para poder alimentarse?'" Estas luciérnagas también segregan una substancia pegaosa y fibrosa que se asemeja a largos hilos que sirve para atrapar a los insectos que se acercan a la luz. De esta manera se alimentan las luciérnagas.

Aquí volvemos a observar una sabiduría que se encuentra más allá de nuestra comprensión. En una de las cavernas, el guía señaló que la Cueva se llama La Catedral y en realidad eso es lo que parece, ya que el agua se filtra a través del techo, actúa sobre depósitos calizos y de otra índole formando exquisitas y hermosas configuraciones que parecen estatuas, ángeles, iglesias y otros edificios de mármol, las que muestran, nuevamente, la belleza, el orden, y la sabiduría, de la simetría y de la proporción inherente en las diversas interacciones químicas de las substancias que forman estas cuevas, las cuales parecen sacadas de cuentos de hadas.

UN ADIVINO JAPONES

Cuando dictaba conferencias en Osaka, Japón, me visitó un prominente comerciante que estaba lleno de temor porque, como indicó, en perfecto inglés: "El adivino me informó que los próximos tres meses serían malos y sufriría un enorme revés en los negocios". Lo había seducido y alejado de su objetivo anunciado: El éxito, la prosperidad para sí mismo, para sus empleados y para su organización. *"Sino que cada uno es tentado, cuando de su propia concupiscencia es atraído y seducido"* (Santiago 1:14). En vez de seguir con la idea de éxito ahora pensaba en el fracaso y llenaba su mente de pensamientos de bancarrota, de perder el negocio y de falta de dinero en el banco. Usted puede observar cómo funcionaba su imaginación mórbida. En realidad, estaba pasando en su mente una película de su propia creación. No existía verdad detrás de ésta. Comentó: "De hecho, el negocio funciona bien" y agregó: "sin embargo, esta situación no puede durar mucho tiempo y no lo hará". Le expliqué que el éxito y el fracaso eran, sencillamente, dos ideas de la mente. Si reflexionaba sobre fracasos, desde luego, atraería el fracaso. Si se imaginaba a sí mismo con éxito y pensaba que había nacido para tener éxito, sin duda alguna, lo lograría.

Unirse, mentalmente, con la idea del éxito y saber que usted invoca un poder subjetivo que responde a su forma de pensar habitual es crear el éxito.

Empezó a comprender que no existía lo que más temía, salvo en su propia mente. Además, empezaba a estar consciente de que lo habían seducido, incitado y alejado de su objetivo por medio de una sugerencia hipnótica falsa que lo hacía sentirse sombrío, desalentado y abatido. Platiqué con él en su hogar durante una hora y antes de retirarme comprendió que el éxito se encontraba en su mente y que él formaba, diseñaba, y moldeaba su propio destino por medio de sus pensamientos y de sus sentimientos.

Con facilidad, puede observarse la manera como había sido tentado o la razón por la cual alejó su mente de su objetivo gracias a una sugerencia de fracaso que otro le había dado. El adivino carecía de poder y no podía ejercer influencia alguna sobre este comerciante, salvo por medio del consentimiento mental de dicho comerciante: primero tenía que aceptar la sugerencia de temor. Rechazar, por completo, la sugerencia de carencia e identificarse a sí mismo con la idea de éxito, estaba en sus manos. Por ende, la sugerencia falsa no podía tener efecto.

"*Y los enemigos del hombre serán los de su casa*" (San Mateo 10:36). La casa es su estado mental; su victoria sobre el enemigo (pensamientos negativos) es imaginar y sentir ahora lo que desea ser. Debe serle fiel a su objetivo y de. acuerdo con su fe (actitud mental) así le acontece. Cunado usted ore, no debe permitir que lo seduzcan, ni lo inciten a rendirse ante sus pensamientos de temor, carencia y tentación. No le preste atención mental a la duda, ni a la ansiedad, ni a la preocupación, puesto que si lo hace estará tentado, es decir, permite que su mente se aleje y en consecuencia, ya no recibe una respuesta a su oración.

UNA INGLESA EN CALCUTA

En Calcuta, le indiqué a una inglesa, quien me pidió que me refiriera a su caso en mis escritos, sin identificarla en forma alguna, cómo manejar un difícil problema doméstico. La gente le informó que su esposo "mantenía" a una mujer hindú a la que visitaba con frencuencia. Me informó que llevaban 39 años de casados y que su familia ya estaba formada. Estaba llena de resentimiento y odiaba a la otra mujer como si fuera veneno.

Había permitido que la tentaran o la alejaran del amor, de la paz y de la buena voluntad de Dios. Había olvidado el espíritu de perdón debido a su ansia de venganza y de tomar revancha. Estaba enferma. Se dirigía hacia un callejón sin salida, no por medio de Dios o de algún supuesto demonio, pues los únicos demonios que existen en el mundo son los pensamientos negativos de resentimiento, odio y mala voluntad. Tenía el poder de rachazar tales pensamientos en su interior. Sin duda alguna, éstos no son adecuados para el consumo mental. Tenía el poder de reorganizar sus pensamientos, de la misma manera como usted reorganizaría a sus empleados para tratar algún asunto de negocios o de rutina.

Le expliqué cómo el capitán a bordo de la aeronave con rumbo a Hong Kong me mostró cómo mantienen el avión sobre el haz del radiofaro y cómo funcionan los haces de luz. Además, dijo que la nave estaba 15 millas fuera de curso debido al mal clima, pero que en unos cuantos minutos, volvería a colocarse en el haz y seguiría el viaje como aparato de Dios a través del cielo, guiado por Su luz. Ella comprendió que estaba fuera del haz y que la gloria y la maravilla de todo era que ella podía volver al curso al instante. *"Pero una cosa hago, olvidando ciertamente lo que queda atrás, y extendiéndome a lo que está delante, prosigo a la meta, al premio del supremo llamamiento de Dios"* (Filipenses 3:13,-14). Ella estaba a la deriva; fuera del haz de la gloria, de la luz y del amor de Dios. Le indiqué a esta mujer que tenía que desear, con toda sinceridad, perdonar y volver al haz.

Debe haber sinceridad en el hambre y en la sed de realizar lo que es correcto, entonces, ya habremos sobrepasado el obstáculo en un 51% y estaremos en el camino hacia la paz mental. El Salmista explica este deseo verdadero de transformación interna cuando afirma: *"Como el ciervo brama por las corrientes de las aguas, así clama por ti, oh Dios, el alma mía"* (Salmos 42:1).

Llegó a una resolución; tomó una decisión y planeó su curso espiritual de acción. La solución fue sencilla; la oración fue la respuesta y "orar" significa aceptar el don de Dios que ya se ha otorgado. *"Toda buena dádiva y todo don perfecto desciende de lo alto, del Padre de las luces, en el cual no hay mudanza, ni sombra de variación"* (Santiago 1:17). *"Todo hombre sea pronto para oír, tardo para hablar, tardo para airarse"* (Santiago 1:19). Debe escuchar las buenas noticias con rapidez, sin embargo, nunca se entregue a pensamientos negativos ni a la ira. De inmediato, vuélvase hacia su interior; galvanícese a sí mismo con el sentimiento de ser lo que desea ser.

COMO SE CURO

La mujer resolvió la situación de la siguiente manera: Decidió, gracias a mis instrucciones, bendecir a su esposo. Cuando usted bendice a alguien, identifica las cualidades y los atributos de Dios en esa persona y le es fiel al Dios que se encuentra en el interior de esa persona. Cada persona que usted conoce es una encarnación de Dios. Todo lo que tiene que hacer es comprender que lo que es verdad de Dios es verdad del otro. Ella oró y, en realidad, bendijo a su marido y afirmó, con frencuencia, con todo el sentimiento y amor de que era capaz: "Mi esposo expresa el amor, la armonía y la paz mental de Dios. Es guiado en forma Divina e iluminado por la luz. Existe únicamente un amor Divino, una paz Divina y una armonía Divina entre nosotros; saludo a la Divinidad en su interior". Cuando le llegaban a la mente pensamientos de temor, preocupación o resentimiento, de inmediato, volvía a la verdad espiritual acerca de él y aseveraba silenciosamente: "El es hombre de Dios y Dios se expresa por medio de él" y otras declaraciones similares.

Lo esencial era que, en realidad, lo sentía; mantuvo sus ojos en el haz de la gloria de Dios; sabía que aquel que persevera, al final encontrará la solución. Tenía dedicación, lealtad y fidelidad por su objetivo anunciado, el cual era armonía y amor, donde, con anterioridad, habían reinado la discordia y la confusión. El amor es un vínculo emocional; se unió mental y emocionalmente con las verdades de Dios.

Le indiqué que conforme prestara atención a la verdad de Dios sobre su esposo y perseverara, al final, erigiría un estado de conciencia que surgiría como una "experiencia" en su vida. Tarde o temprano, capacitaría a su conciancia y alcanzaría la culminación de la realización; después, llegaría la solución. No debía permitir, en momento alguno, que su mente se alejara hacia dioses falsos, si lo hacía se robaría a sí misma su fuerza y se anularía su oración.

Es esencial una devoción total a Dios; no debe permitr que elementos ajenos como temor, duda y preocupación y otros conceptos negativos se infiltren en su mente. Hacer eso es consentir que lo seduzcan, tienten o lo alejen del ideal verdadero y del objetivo de la vida. Le debe ser leal a su ideal u objetivo elegido.

Esta mujer le fue leal a Dios y a la Verdad. Nunca titubeó; fue fiel durante el día. Oró sin cesar, lo que significa que mantuvo la actitud mental correcta, a pesar de todas las apariencias, episodios desagradables y tratamiento abusivo. Estaba consciente de que la Verdad tenía que triunfar, y triunfó. La tercera noche, su esposo llegó a su casa y manifestó: "Aquí está la pulsera de diamantes que le llevaba a otra. A tí es a quien amo". Le pidió perdón y admitió que había sido un tonto y agregó: "No hay peor tonto que un viejo tonto".

ESTABA SENTENCIADO A MUERTE

Hong Kong, que significa "Puerto Fragante", tan chino y sin embargo, tan británico, es una tierra de encantadores contrastes. En algunas partes de la ciudad, las costumbres de miles de años aún perduran y muestran el poder de los conceptos, tradiciones y atmósfera mental. Los niños crecen a la imagen y semejanza de la atmósfera mental dominante del hogar. Hong Kong, en su totalidad, es una enorme ciudad moderna de fabulosa y espectacular belleza.

Usted puede observar las colinas de esmeralda y las bahías de zafiro; ahí hacen escala barcos de todas partes del mundo. En el vestíbulo del Hotel Península encontrará personas de todo el mundo. Ahora, me voy a permitir relatarles algo acerca del chino que conocí.

Le compré algunos artículos y observé que estaba muy preocupado, me dio el cambio incorrecto en dos ocasiones y también me entregó la mercancía equivocada. Le pregunté cuál era su problema y él contestó: "¿Es usted mi nistro?"

Respondí: "Sí".

El dijo: "Lo supe desde que lo ví". Su problema era que temía que lo asesinaran porque, según contó: "No estuve de acuerdo con ellos en sus propósitos nefastos". Tenía en sus manos una Biblia, una Biblia en inglés; hablaba un excelente inglés. La abrí en San Juan 6:44: *"Ninguno puede venir a mí, si el Padre que me envió no le trajere".* Le expliqué el significado del pasaje, que es, sencillamente: No existe manifestación, ni experiencia alguna que pueda llegar a su vida, salvo por medio de su propia actitud mental.

Le redacté una oración de la siguiente manera: "Existe únicamente una presencia y un Poder; en mi corazón honro esta Presencia; no existe otra. Comprendo que no hay nadie en el mundo que me pueda lastimar sin mi permiso. Me niego a dar consentimiento mental o permiso a persona alguna. Irradio amor, paz y armonía de Dios hacia todos estos hombres (mencionó sus nombres). Dios está con ellos y actúa por medio de ellos. Estoy rodeado por el amor de Dios, el cual es una armadura invencible de Dios. ¡Es maravilloso! Dios está conmigo y todo está bien". Le indiqué que orara de esta manera durante 15 minutos, tres veces al día. Conforme lo llevara a cabo, estas verdades se hundirían en su mente subconsciente y la paz lo inundaría.

Posteriormente, recibí una carta maravillosa de él en la que me informó que nunca se había sentido mejor, y que todo temor había desaparecido. Había la siguiente posdata en la carta: "Me enteré por medio del periódico

242

vespertino que todos se ahogaron en el mar esta mañana". Fue liberado del mal, de imágenes negativas y de pensamientos de temor por medio de la oración.

EL CAMINO REAL

"Por el camino real iremos, sin apartarnos a diestra ni a siniestra..." (Números 20:17).

Mi camino es la carretera de Dios y todos Sus senderos son afables y todos los caminos paz. Dios me guía en todos mis caminos y el Espíritu Santo me dirige. Mi camino es la carretera real de los Antiguos, los senderos intermedios de Buda, y la puerta estrecha y angosta de Jesús. Mi camino es el Camino Real, pues soy el rey de mis pensamientos, sentimientos, y emociones.

Envío a mis mensajeros llamados el amor, paz, luz y belleza de Dios ante mí para que mi camino sea recto, hermoso, dichoso y feliz. Siempre viajo por el Camino del Rey y donde quiera que vaya, me encuentro con los mensajeros de paz y de dicha de Dios. Mi camino es por la cima de la montaña, pues estoy consciente de que con mis ojos en Dios no existe maldad en mi camino.

Cuando conduzco mi coche, viajo en tren, autobús, o avión o, sencillamente, camino, el amor de Dios siempre me rodea. Es la armadura invisible de Dios y me traslado de un lugar a otro libre, dichosa y amorosamente. El Espíritu del Señor, mi Dios está conmigo, y hace que todos los caminos sean de paz, belleza, armonía y orden Divinos. ¡Es maravilloso!

INSPIRESE A SI MISMO

1. Cada vez que emprenda un viaje debe estar consciente de que el amor Divino lo antecede y hace que su camino sea recto, hermoso y dichoso.
2. Un cuello rígido puede ser la consecuencia de mala voluntad o de un resentimiento muy arraigado. Perdónese a sí mismo y perdone al otro derramándole amor de Dios hasta que no sienta rencor.

3. Siempre existe una solución para cada problema. Cuando llame a la Inteligencia Infinita recibirá una contestación.
4. Cuando el hombre manifesta que no existe solución alguna, Dios dice: "existe una solución" y "existe una respuesta".
5. Se pierden fortunas porque los nombres no saben cómo orar para pedir orientación Divina y acción correcta.
6. Nadie tiene poder sobre usted, a menos que usted lo otorgue. "El poder se encuentra en sus propios pensamientos" y en ningún otro lado.
7. Considere a Dios como a un Padre Amante y llevará una vida encantada.
8. Imagine todo lo que haría si gozara de perfecta salud, y su mente subconsciente responderá en consecuencia.
9. Los caminos de Dios se encuentran más allá de la comprensión. Imagine la culminación y su subconsciente lo hará acontecer de manera inimaginable.
10. Usted es un rey en el sentido de que usted está a cargo, por completo, de sus pensamientos, sentimientos y reacciones.
11. Conforme usted viaje en la conciencia del amor de Dios, tendrá magníficas experiencias en su viaje.
12. Las suposiciones y las creencias subconscientes del hombre dictan, controlan y gobiernan todas sus acciones conscientes.
13. Existe una Inteligencia Infinita en funcionamiento, la cual siempre vela por el hombre y por Su creación.
14. Si usted quiere prosperar y tener éxito su oración más grandiosa es: "Dios, Muéstrame el camino para prestarle a la humanidad un mejor servicio".
15. Con el fin de lograr una curación real y duradera es necesario entrar al espíritu del perdón.
16. La prueba del fuego ha tenido lugar cuando existe únicamente un recuerdo y ya no hay rencor.

17. Siempre estará protegido cuando su mente esté dirigida hacia Dios y Su amor.
18. El éxito y el fracaso son dos ideas en la mente. Imagínese a sí mismo con mucho éxito y sienta su realidad, y usted tendrá mucho éxito.
19. Orar significa aceptar el don de Dios. Galvanícese a sí mismo en el sentimiento de ser lo que desea ser.
20. Los "enemigos" (temor, duda, odio) están en su propia casa (mente).
21. Entronice el amor de Dios y la fe en Dios y todo el temor deseparecerá. Cuando el temor toque a la puerta de su mente permita que la fe en Dios la abra, y no habrá nadie.

LIBROS RECOMENDADOS

- Todo Sobre La Bolsa: Acerca de los Toros y los Osos, Jose Meli

- Piense y Hágase Rico, Napoleon Hill

- El Sistema Para Alcanzar El Exito Que Nunca Falla, W. Clement Stone

- La Ciencia de Hacerse Rico, Wallace D. Wattles

- El Hombre Mas Rico de Babilonia, George S. Clason

- El Secreto Mas Raro, Earl Nightingale

- El Arte de la Guerra, Sun Tzu

- Cómo Gané $2,000,000 en la Bolsa, Nicolas Darvas

- Como un Hombre Piensa Asi es Su Vida, James Allen

- El Poder De La Mente Subconsciente, Dr. Joseph Murphy

- La Llave Maestra, Charles F. Haanel

- Analisis Tecnico de la Tendencia de los Valores, Robert D. Edwards - John Magee

Disponibles en www.bnpublishing.net

CPSIA information can be obtained at www.ICGtesting.com
Printed in the USA
LVOW082259310513

336491LV00002B/243/P